LA OLA
INDEPENDIENTE

LA OLA
INDEPENDIENTE

Participación ciudadana
para salir de la impunidad

Armando Ríos Piter

ensayos

Respete el derecho de autor.
No fotocopie esta obra.

Las opiniones expresadas
en los textos son responsabilidad de
los autores y no representan
necesariamente la ideología
de la editorial.

La Ola Independiente
Participación ciudadana para salir de la impunidad
Armando Ríos Piter

Primera edición: Producciones Sin Sentido Común, 2017

D. R. © 2017, Producciones Sin Sentido Común, S.A. de C.V.
 Avenida Revolución número 1181, piso 7,
 colonia Merced Gómez,
 03930, Ciudad de México

Teléfono: 55 54 70 30
e-mail: ventas@panoramaed.com.mx
www.panoramaed.com.mx

Texto © Armando Ríos Piter
Fotografía de portada © Wong Salam,
usada para la licencia de Shutterstock.com

ISBN: 978-607-8469-48-2

Prohibida su reproducción por cualquier medio
mecánico o electrónico sin la autorización escrita
del editor o titular de los derechos.

Índice

Presentación _____ 7

Las tres barreras
para el desarrollo de México _____ 14

    Corrupción _____ 15
    Inseguridad _____ 18
    Desigualdad de oportunidades _____ 20

La ciudadanía activa: La Ola Independiente _____ 30

    De la presidencia imperial
    a la presidencia feudalizada _____ 31
    La prácticas partidistas _____ 34
    ¿Qué alternativas existen? _____ 39
    La Ola Independiente _____ 42
    Fin de ciclo y comienzo de uno nuevo _____ 53
    Un México con futuro _____ 57

Rompiendo las barreras
para salir del laberinto: la justicia en México _____ 64

    Ineficiencia económica y violencia _____ 67

El nuevo sistema penal acusatorio _____ 72
¿Cómo garantizar que la ley se aplique
igual para todos? _____ 76
Acciones inmediatas para desmantelar
las tres barreras del país _____ 98

Conclusión _____ 108

Fuentes de consulta _____ 111

Lecturas complementarias _____ 115

Sobre el autor _____ 117

Presentación

México no ha logrado tener el crecimiento que su población requiere. Desde hace varias décadas el desenvolvimiento de su economía ha sido estable, pero aún precario. No se han generado empleos suficientes ni se ha conseguido un nivel de salarios que permita que amplios segmentos de la sociedad tengan un bienestar compartido. Cuando se compara la condición actual de México con la de otros países, al igual que su desarrollo económico y social, no se ubica en los niveles óptimos, acordes con su ubicación geográfica privilegiada, extensión territorial y riqueza.

En las últimas décadas México entró en una senda de transformaciones económicas y políticas; sin embargo, pese a dichos cambios y a los avances que éstos han significado, no se han logrado mejores condiciones de vida para amplios segmentos de la población. De hecho, la percepción generalizada en materia política consiste en que la transición democrática iniciada en la década de los noventa, con el desmantelamiento del régimen de partido hegemónico, se estancó; es decir, en lugar de que la pluralidad partidista –basada en la competencia electoral– generara mejores condiciones para enfrentar problemas, como la corrupción, la inseguridad o la desigualdad de oportunidades, los partidos reprodujeron las formas opacas de hacer las cosas, por lo que se generó un estancamiento en todos los sentidos.

Por ello, la situación actual en la que se encuentra nuestro país requiere de una profunda transformación en materia de participación ciudadana, la cual debe detonar nuevas dinámicas a nivel social e incidir en nuestra democracia representativa. La ruta para volver a dinamizar la democracia mexicana es construir un modelo abierto, que involucre a los ciudadanos de manera horizontal y que, con enfoque colectivo, genere valor y tenga una visión *glocal*, es decir, que piense en la solución de los problemas globales, pero actuando localmente.

Dado que los partidos políticos han *clonado* la forma de hacer política, las candidaturas independientes son la única vía que puede brindar una alternativa, porque implican una especie de choque exógeno frente al conjunto de partidos políticos que hoy padecemos. Precisamente por eso, La Ola Independiente de candidaturas a distintos cargos, desde la Presidencia de la República hasta un sinnúmero de presidencias municipales, diputaciones locales, federales y senadurías, puede convertirse en un verdadero ejército de cambio. La clave para arrancar con un nuevo momento democratizador en México será que dichos actores hagan campañas con costo mínimo, que se alejen radicalmente de los intereses clientelares, económicos e incluso delincuenciales, que hoy siembran la corrupción, detonan la inseguridad y hacen eternas las desigualdades sociales.

Este momento también debe caracterizarse por una plataforma de participación ciudadana que aproveche la energía social, logre articularla, potencializarla y que utilice a su favor los nuevos instrumentos tecnológicos. Además, requiere de una ruta para cambiar de manera profunda a la sociedad; este elemento es crucial para la consolidación de un verdadero Estado de derecho que hasta la fecha no existe en nuestro país.

La justicia tiene que entenderse como un valor superior, donde no sólo se trata del respeto a las normas o la posibilidad de resolver controversias, e incluso anticiparse a ellas, sino que debe entenderse como la equidad que permite tener una mejor convivencia y la forma en que esto propicia un contexto que posibilita alcanzar mejores niveles de desarrollo. La justicia es el gran pendiente que tiene México con su sociedad; es el elemento clave y transversal al cual no le hemos proporcionado la suficiente fuerza colectiva, y ésta es la razón por la que padecemos una debilidad institucional generalizada. Ahora bien, aunque una gran mayoría de mexicanos vive mejor que hace 100 años, hay pocos avances que contar en materia de justicia.

El primer capítulo, "Las tres barreras para el desarrollo de México", expone que el país no ha logrado detonar al máximo todo su potencial a causa de tres factores que han bloqueado su desarrollo: la corrupción, la inseguridad y la desigualdad de oportunidades. La corrupción lastima a la sociedad, vulnera a las instituciones, inhibe la competitividad y reduce el crecimiento. La inseguridad trastoca el ciclo completo de desarrollo económico y es un factor de incertidumbre que limita el consumo, las inversiones y los negocios y, en última instancia, arranca vidas. Por último, la desigualdad dificulta la movilidad social, polariza a la sociedad y escatima oportunidades individuales de desarrollo.

En el segundo capítulo, "La ciudadanía activa: La Ola Independiente", se identifican las características de un sistema abierto para hacer política. En un sistema de esta naturaleza se cierran los espacios para los tratos oscuros, corruptos, excluyentes y deshumanizantes; la información es completa y fluye de manera transparente en tiempo real; los datos son precisos y verificables, y están a la vista del público; los recursos humanos se mueven de manera ágil y están en donde su desarrollo potencial es óptimo; y tanto los recursos materiales como los financieros fluyen a lo largo y ancho de la economía nacional e internacional con mínimas barreras.

Aquí, el contraste se da entre *lo abierto* y *lo cerrado*. Hoy en día, generalmente, vivimos en entornos cerrados o semiabiertos, pero es momento de impulsar procesos generalizados de apertura, porque ahí los resultados son mejores y más eficientes para un mayor número de personas. Cabe enfatizar que, para poder hablar de sistemas abiertos en el sector público, es crucial que exista una mancuerna sólida y duradera de colaboración entre los funcionarios públicos (electos y no electos) y la ciudadanía; y entre las instituciones de gobierno, a todos los niveles, y las organizaciones de la sociedad civil.

En el capítulo "Rompiendo barreras para salir del laberinto: la justicia en México" se explica, en primer lugar, la vía idónea para consolidar la justicia y, en segundo, las acciones más urgentes para romper las barreras que frenan el desarrollo del país.

En materia de justicia, los planteamientos son resultado de los trabajos que Ana Laura Magaloni ha liderado desde hace varios años como investigadora y ahora como diputada constituyente. En este sentido, se proponen cuatro transformaciones institucionales sustantivas para lograr un cambio radical en el funcionamiento de la justicia en nuestro país. Las propuestas son: *1)* la creación de un instrumento de protección de derechos, conocido como *acción de protección efectiva de derechos*; *2)* la conformación de una Defensoría del Pueblo (estos dos primeros puntos son fundamentales para garantizar la igualdad en la aplicación de la ley); *3)* la propuesta para garantizar que la Fiscalía General de la República sea realmente autónoma; y *4)* la propuesta de otorgar verdadera autonomía al Consejo de la Judicatura (parte medular del Poder Judicial), la cual incorpora un elemento meritocrático[1] en el Poder Judicial. Todas estas ideas tienen su origen en el cambio propuesto para la organización del sistema de procuración e impartición de justicia de la Ciudad de México, durante la discusión y aprobación de su Constitución.

Para atender las barreras que merman el desarrollo del país, las aportaciones de Luis Carlos Ugalde en torno a la problemática de corrupción que vive el país fueron sumamente importantes para construir una agenda de acciones de corto plazo que permitan enfrentar este flagelo. Además, la visión de Eduardo Guerrero sobre la inseguridad que impera nos ha permitido plantear un conjunto de temas que deben ser atendidos de manera inmediata para garantizar la certidumbre en amplios segmentos de la población en el país. Finalmente, las reflexiones y comentarios de Rodolfo de la Torre han posibilitado diagnosticar y armar una ruta crítica que permita enfrentar los enormes desafíos

---

[1] Forma de organización en la que la jerarquía está basada en el mérito de cada individuo.

que tenemos en términos de desigualdad de oportunidades en México.

Para terminar con las barreras en materia de corrupción se propone la realización de campañas electorales con costo mínimo y reducir su acceso a financiamiento público. También se plantea reformar el sistema de contrataciones del gobierno con protocolos de transparencia, incluyendo una mejor vigilancia de los congresos locales y complementar esta medida con observatorios ciudadanos de ejecución de obra.

Para acabar con la barrera de la desigualdad de oportunidades se pretende implementar un sistema universal y unificado de seguridad social. Además, se deben alinear los programas sociales a nivel nacional por medio de un padrón único de beneficiarios; a este respecto, incluso se contempla el establecimiento de una renta básica universal o ingreso mínimo garantizado. Asimismo, para brindar una educación de calidad para todos se requerirá de mayor gasto y también del uso intensivo de tecnología. Además, el sistema educativo se reorientará a impartir conocimientos de alta calidad y competitividad, es decir, la educación deberá enfocarse, particularmente, en las materias de ciencia, tecnología y humanidades.

Para romper con la barrera de la inseguridad se propone priorizar el combate a la extorsión presencial o *cobro de piso*, atacar el robo en el transporte público que afecta a amplios segmentos de la sociedad, combatir la desaparición y explotación de mujeres, y acabar con la colusión de policías con el crimen organizado.

Luego de describir el modelo abierto de articulación ciudadana y de proporcionar argumentos sobre la absoluta necesidad de construir un país donde la justicia impere para todos por igual, se presentará en la conclusión un breve decálogo de objetivos en áreas clave de la vida nacional, los cuales serán más fáciles de alcanzar si verdaderamente la ley funciona por igual para las 120 millones de personas y no sólo en beneficio de unos cuantos. Para alcanzar esos 10 objetivos, se incluyen metas claras, cuantificables y plazos específicos.

Ahora bien, todo lo que se puede proponer como resultado de diagnósticos bien elaborados no es suficiente si no se establecen los mecanismos para ponerlos en marcha. Es claro que, junto con las definiciones sobre lo que debemos hacer, es necesario aportar respuestas sobre cómo lo vamos a llevar a la práctica y así sentar las bases de un desarrollo que sea duradero, real y amplio para todos. Para esto, estamos convencidos de que una sola persona no puede transformar al país, por más encomiables que sean sus anhelos por hacer de México una potencia mundial. Por eso, el movimiento independiente es la opción para agregar la fuerza de los ciudadanos y transformar a las instituciones con la suma de todos los sectores de la población. La Ola Independiente se diferencia de cualquier otra opción para 2018 porque propone una ruta, estrategias, objetivos y metas para lograr que el país sea un lugar de justicia para todos.[2]

---

[2] La elaboración y supervisión de textos fue realizada por Mariana Carmona, Antonio Cervantes, Christian Morfín y Alexandra Zenzes, su labor ha sido fundamental para el desarrollo de este libro.

Las tres barreras para el desarrollo de México

México crece económicamente, es decir, genera riqueza, pero no al nivel que debería hacerlo. Por ejemplo, de 1990 a 2016 en México el producto interno bruto (PIB) por persona creció por encima del de los países latinoamericanos; sin embargo, lo hizo muy por debajo del ritmo de crecimiento de países europeos, Estados Unidos o Canadá. Somos la treceava economía a nivel mundial, pero la pobreza aqueja a 43.6% de la población[3] de nuestro país. Cualquiera se preguntaría cómo es posible que esto ocurra y que, al mismo tiempo, México esté entre las 20 economías más importantes del mundo. La respuesta es que en nuestro país existen tres grandes barreras que impiden un mejor desempeño de la economía, limitan el desarrollo competitivo de los mercados, impiden una distribución más equitativa de lo que se genera y disminuyen el bienestar general. A causa de estas barreras, sólo unos cuantos se benefician y se excluyen

---

[3] Consejo Nacional de Evaluación de la Política de Desarrollo Social (Coneval), *Anexo estadístico de pobreza en México* [en línea], México, 2016, disponible en: <http://www.coneval.org.mx/Medicion/MP/Paginas/AE_pobreza_2016.aspx> [consulta 21 de octubre de 2017].

a enormes segmentos de la población de los beneficios que otorga el desarrollo económico.

Estas barreras son: la corrupción, la inseguridad y la desigualdad de oportunidades. Las tres son alimentadas por un sistema político que no transitó a una democracia plena. Los partidos políticos no lograron consolidar este objetivo y, por el contrario, *clonaron* sus formas de actuar y estancaron el proceso democrático. Profundizaré sobre esta última idea en el siguiente capítulo; ahora, lo que corresponde es explicar a detalle cada una de las barreras mencionadas.

Corrupción[4]

Según cálculos del Banco de México y del Banco Mundial, la corrupción le cuesta a México casi una décima parte de lo que produce al año, es decir, 9% del producto interno bruto. Además, éste es el tercer tema que más preocupa a los mexicanos, después de la inseguridad y delincuencia.[5]

Según cálculos de la organización Transparencia Internacional, en la medición del Índice de Percepción de la Corrupción 2016, México retrocedió 28 posiciones y se localizó en el lugar 123 de 176 países, rango similar al de países como Azerbaiyán, Sierra Leona e Irán.

---

[4] La presente sección fue elaborada a partir de comentarios y recomendaciones realizados por Luis Carlos Ugalde.

[5] Instituto Nacional de Estadística y Geografía (Inegi), "Resultados de la tercera encuesta nacional de calidad e impacto gubernamental (Encig) 2015" [en línea], disponible en: < http://www.inegi.org.mx/saladeprensa/boletines/2016/especiales/especiales2016_05_01.pdf> [consulta 21 de octubre de 2017].

[En materia de corrupción] México se mantiene por debajo de sus principales socios y competidores económicos. Cuarenta posiciones separan a México de China, India y Brasil. Entre las 35 economías que integran la Organización para la Cooperación y el Desarrollo Económicos, México se ubica en el último lugar.[6]

Las modalidades más comunes de corrupción incluyen el peculado o malversación de fondos públicos (tomar dinero de la caja), el cohecho o soborno (dar o pedir dinero para otorgar u obtener contratos o permisos), tráfico de influencias y la obstrucción de la justicia (que es cuando se bloquea la persecución de actos de corrupción).

La corrupción vulnera la productividad, desincentiva la competencia y, con ello, inhibe la competitividad, el emprendimiento y la innovación. Disminuye los fondos disponibles para programas sociales, para surtir de medicinas a los centros de salud, para contar con más transporte público y construir caminos rurales, y para mejorar las escuelas y el salario de los maestros. La corrupción también afecta la calidad de las carreteras, de los puentes peatonales, del alumbrado público y de las vías de comunicación; como el reciente suceso en el tramo inicial de la Autopista del Sol, en donde se abrió un enorme socavón que cobró la vida de dos personas. La corrupción también ocasiona pérdidas de eficiencia, dispendio, promueve la impunidad en el ejercicio de los recursos públicos y es la causa de un

---

[6] Transparencia Mexicana, *Reformas legislativas no logran frenar caída en el Índice de Percepción de la Corrupción: Transparencia Mexicana* [en línea], disponible en: <http://www.tm.org.mx/ipc2016/> [consulta 29 de agosto de 2017].

enorme y justificado malestar social que genera desprecio por las instituciones y por las autoridades.

La corrupción en México es una barrera severa que se ha expandido y enraizado a lo largo de prácticamente todas las esferas de gobierno y cuyas consecuencias se traducen en costos que afectan a toda la sociedad. La corrupción se reproduce cuando, pese a que existen evidencias claras del daño y malestar que genera en la sociedad, ésta se solapa por parte de la autoridad. Corrupción e impunidad (falta de castigo ante las violaciones a la ley) van de la mano y se retroalimentan entre sí. Esta mancuerna recrea e incentiva la actividad delictiva. Como reflejo de lo anterior, México es uno de los dos países con mayores niveles de impunidad, de acuerdo con el *Índice Global de Impunidad* (IGI-MEX) de 2016.[7]

La impunidad también genera incentivos para romper la ley, ya que los delitos no tienen consecuencias y el costo de cometer un crimen es muy bajo. En un entorno como el que priva en México, las instituciones que deberían aplicar la justicia son omisas. Además, curiosamente, quienes gozan de impunidad total para quebrantar la ley son, sobre todo, quienes tienen poder, privilegios, cargos públicos y recursos económicos, mientras que las cárceles están llenas de pequeños delincuentes del fuero común. Quienes cometen grandes delitos de cuello blanco o delitos graves, pero que tienen amigos o *palancas*, quedan libres, amparados por la dupla corrupción-impunidad. En este contexto,

---

[7] Juan Antonio Le Clercq Ortega y Gerardo Rodríguez Sánchez Lara (coords.), *Índice Global de Impunidad, IGI-MEX 2016* [en línea], Universidad de Las Américas Puebla (UDLAP), disponible en: <http://www.udlap.mx/igi-mex/assets/files/igimex2016_ESP.pdf> [consulta: 12 de octubre de 2017].

la justicia se vuelve un privilegio y no un equilibrio para la armonía en la sociedad.

Asimismo, la impunidad guarda una alta correlación con los indicadores de pobreza y marginación, lo cual significa que en los países donde la impunidad es muy alta, también lo es el porcentaje de población en pobreza extrema. Por ello, las dimensiones de la corrupción enmarcadas en la esfera de la justicia y el derecho tienen implicaciones económicas, es decir, la impunidad favorece la búsqueda de rentas, la compra de votos, la compra de clientelas y el tráfico de influencias, y todo esto, en última instancia, permite la captura de riqueza y su concentración, a la par que aumenta la desigualdad social.

Inseguridad[8]

La degradación de la vida pública tiene como consecuencia que México figure entre los países más peligrosos y violentos de Latinoamérica y del mundo. De acuerdo con el Índice de Criminalidad 2016, elaborado por Verisk Maplecroft,[9] el cual mide la incidencia de diversos crímenes, como robo, extorsión, secuestro, homicidio, acción del crimen organizado, costo del crimen y capacidad para procurar e impartir justicia, México ocupó el tercer lugar como país más peligroso

---

[8] La presente sección fue elaborada a partir de comentarios y recomendaciones realizados por Eduardo Guerrero Gutiérrez.

[9] Verisk Maplecroft, *Criminality Index 2016* [en línea], disponible en: <https://maplecroft.com/portfolio/new-analysis/2016/12/01/risk-violent-crime-highest-latin-america-afghanistan-guatemala-mexico-top-country-ranking-verisk-maplecroft/> [consulta: 12 de octubre de 2017].

del mundo; mientras que en la región de América Latina se encuentra en el segundo lugar, sólo después de Guatemala.

La inseguridad se erige como una barrera que trastoca el ciclo del desarrollo económico del país; el cual es un factor que limita el consumo, las inversiones y los negocios. La incertidumbre que se genera con ello cancela las intenciones de emprender por miedo. Así, al igual que la corrupción, disminuye la innovación y la productividad y también las capacidades de crecimiento del país.

En este sentido, de acuerdo con el IGI-MEX 2016, el país debe atender dos dimensiones prioritarias: la funcionalidad de su sistema de seguridad y la estructura de su sistema de justicia.

México no necesita invertir más recursos para aumentar el número de policías, sino que debe invertir en los procesos que garanticen la efectividad de sus acciones, sobre todo en materia de prevención, inteligencia e integración de la información de las carpetas de investigación. La implementación de esta política contribuiría a mejorar los procesos judiciales dentro de la estructura.

En promedio, existen 359 policías por cada 100 mil habitantes, cifra que se encuentra por arriba del promedio global de la proporción de policías, que es de 319. Sin embargo, contar con un alto número de policías no significa que éstos posean las capacidades adecuadas para cumplir sus tareas.[10] Los presupuestos de los próximos años deberán priorizar inversiones en la calidad de los servicios policiacos. El modelo de Fuerza Civil implementado en Nuevo León sirve como un

---

[10] Juan Antonio Le Clercq Ortega y Gerardo Rodríguez Sánchez Lara (coords.), *Índice Global de Impunidad, IGI-MEX 2016...*, op. cit.

importante marco de referencia sobre cómo pueden asignarse y priorizarse recursos en el territorio nacional.[11]

El diseño de una política criminal, que permita acordar prioridades en materia delictiva, sistematizar recursos, tanto humanos como materiales, y enfocarlos a combatir aquellos crímenes que por su impacto lastiman a la sociedad de manera profunda, es fundamental para combatir la inseguridad que prevalece en el país. Y eso se debe traducir en acciones de largo plazo, pero también de instrumentación rápida. Las inversiones presupuestales de los siguientes años deberán priorizar la modernización de la Fiscalía General y las Fiscalías Estatales.

Desigualdad de oportunidades[12]

México tiene un grave problema de desigualdad en la distribución del ingreso. Existen diversas mediciones de este problema, pero en todas ellas el país reprueba los estándares mínimos. Por ejemplo, si medimos la desigualdad del ingreso utilizando la *razón palma*,[13] en 2014 nuestro valor fue del 2.5, lo que significa que el 10% más rico de la población tiene dos y media veces más riqueza que el 40% de la población más pobre del país; esto nos situó como el país con mayor desigualdad de la Organización para la Cooperación y el

---

[11] Véase: *Fuerza civil* [en línea], disponible en: <www.fuerzacivil.org.mx> [consulta: 23 de agosto de 2017].

[12] La presente sección fue elaborada a partir de comentarios y recomendaciones realizados por Rodolfo de la Torre García.

[13] La razón palma compara el ingreso entre el 10% de la población más rica y el 40% más pobre.

Desarrollo Económicos (OCDE).[14] Otros análisis coincidentes sobre desigualdad destacan que el 10% más rico de la población concentra 64.4% del ingreso total.[15]

Anteriormente se dijo que México ha crecido por encima del promedio de los países de Latinoamérica, pero al mismo tiempo no se han reducido los niveles de pobreza. Esta contradicción significa que el crecimiento económico se ha concentrado en pocas manos, mientras que la proporción de personas con muy bajos ingresos es cada vez mayor. Las implicaciones de esto no son solamente que crece la distancia entre ricos y pobres, sino que esta situación desemboca en un ejercicio desfavorable de derechos y oportunidades para amplios segmentos de la población, lo que impide a una mayoría aprovechar los beneficios del crecimiento económico. Asimismo, la desigualdad se convierte en un freno para crecer a una mayor velocidad, porque implica que una gran mayoría con bajos ingresos tiene poca capacidad de consumo, lo que a su vez, limita las posibilidades del mercado interno.

Por otra parte, en las raíces de la desigualdad de ingreso está la de oportunidades, es decir, se esperaría que cada persona pudiera dirigir su propio destino y el afán por superar obstáculos tendría que conducir a diferentes consecuencias, excepto en situaciones extremas (tal es el caso de una discapacidad insuperable que demanda atender las

---

[14] Véase: Organización para la Cooperación y el Desarrollo Económicos (OCDE), *Income Distribution and Poverty* [en línea], disponible en: <http://stats.oecd.org/Index.aspx?DatasetCode=IDD> [consulta: 20 de octubre de 2017].

[15] Gerardo Esquivel Hernández, *Desigualdad extrema en México: concentración del poder económico y político* [en línea], México, OXFAM, 2015, disponible en: <http://www.cambialasreglas.org/pdf/desigualdadextrema_informe.pdf> [consulta: 12 de octubre de 2017].

necesidades humanas sin pedir algo de quien la sufre). Es decir, las personas deben ser recompensadas según su esfuerzo personal. A más trabajo, a mayor ahorro o a mayores riesgos emprendidos, debe existir una recompensa mayor. Es una cuestión de reconocimiento de la responsabilidad individual que en México no se cumple, ya que no somos una sociedad que reconozca cabalmente el mérito individual.

En este punto radica, en gran medida, nuestra propuesta; la cual se centra en un sistema nuevo de justicia abierta, donde, por medio de instancias como la acción de tutela, corrijamos los desequilibrios en las oportunidades que enfrentamos por el sólo hecho de nacer en determinada cuna.

Diversas circunstancias se convierten en barreras y producen diferencias socioeconómicas que nada tienen que ver con las decisiones personales. Proceder de una familia pobre, no contar con acceso a servicios de salud o a una educación de calidad o no tener posibilidades de empleo son aspectos que impiden un mejor deseo de progreso.

La desigualdad de oportunidades significa que, de inicio, se cuenta con un conjunto diferenciado de posibilidades para ser o actuar a lo largo de la vida. Consiste en comenzar una carrera desde líneas de partida diferentes, con obstáculos distintos y con distancias disparejas por recorrer. Esto es un desperdicio de voluntades y una injusticia.

La desigualdad de oportunidades corresponde a las distintas circunstancias fuera del control de las personas, que impiden que esfuerzos similares se traduzcan en resultados semejantes. Si se remueve el obstáculo de tales circunstancias, puede liberarse el potencial de las personas en un entorno de equidad.

Por otra parte, la igualdad de oportunidades no implica la de resultados. Entre éstas se encuentra la libertad de elegir, lo que hace que dos personas con las mismas condiciones iniciales puedan llegar a puntos diferentes. La igualdad de oportunidades otorga un lugar privilegiado a la responsabilidad individual.

Para que la igualdad de oportunidades pueda tener los resultados que desean las personas, requiere que cada uno se involucre en la promoción de su propio bienestar, en vez de ser objeto pasivo de las acciones de otros. A su vez, una ciudadanía activa no demanda que se eliminen sus problemas, sino tener la oportunidad de resolverlos por sí misma.

A continuación se exploran algunos de los determinantes de la desigualdad de oportunidades en México y cómo enfrentarlos.

Los determinantes de la desigualdad de oportunidades

La voluntad individual saca provecho de las ventajas o supera las adversidades del entorno para rendir frutos. De inicio, las propias características personales que incitan el apoyo o rechazo de otros, como el sexo con el que se nace, la condición étnica o el color de piel apoyan u obstaculizan el esfuerzo de las personas.

El entorno familiar y local, es decir, los orígenes familiares y las características de la zona en la que se nace, también actúan como facilitadores o estorbos de los logros individuales. Hogares y comunidades de distinta riqueza física y humana abren diferentes puertas para el progreso o para el retroceso de las personas.

La naturaleza de la economía y de la sociedad en que se vive también es un determinante de las diferentes oportunidades para las personas. Mercados de trabajo en expansión dentro de una sociedad civil solidaria crean oportunidades muy distintas a situaciones donde las fuentes de empleo escasean y la colaboración comunitaria es magra y dispersa.

También las instituciones y acciones gubernamentales importan. Donde las reglas no se respetan y el gobierno no se ocupa del desarrollo de las personas, peligra el esfuerzo individual y se aleja la posibilidad de que el mérito determine el avance personal, contrario a lo que ocurre donde rige la ley y se compensan las desventajas de origen.

El principal elemento en la desigualdad de oportunidades es la falta de movilidad social entre generaciones, es decir, cuando el origen prácticamente determina el destino de una persona. Nacer en un hogar con padres de baja escolaridad, con salud precaria y en pobreza con frecuencia impide que fructifique el esfuerzo propio.

A su vez, nacer en un hogar de padres con elevada escolaridad, salud bien cuidada y riqueza no sólo potencia los logros del esfuerzo individual, sino que también puede sustituirlos; ya que quienes tienen la fortuna de crecer en este tipo de hogares cuentan con un abanico de oportunidades que no son asequibles para otros.

Por ejemplo, por cada año de logro escolar de los padres, la siguiente generación alcanza 0.75 años. Lo que significa que padres con apenas la primaria terminada, en promedio, tendrán hijos con apenas cuatro años de escolaridad; mientras que padres con educación universitaria verán a sus hijos entrar también a la educación superior.

Algo similar ocurre en la salud: un año más de vida de los padres se traduce en cerca de mes y medio más de vida para los hijos. Por ejemplo, padres más saludables, que viven hasta los 80 años, pueden agregar 1.6 años de vida a sus hijos respecto a los padres que viven hasta los 70 años.[16]

Por otra parte, los cerca de 6 mil 750 programas y acciones de política social federales, estatales y municipales, detectados entre 2014 y 2015 por el Consejo Nacional de la Política de Desarrollo Social, muestran una enorme dispersión de esfuerzos para evitar que las condiciones de pobreza sean transmitidas a las siguientes generaciones.

Otro elemento determinante de la desigualdad de oportunidades es el dispar acceso a los servicios de salud y a la seguridad social en general. Mientras un grupo de personas puede contar con servicios de salud de calidad, otro está fuera de toda posibilidad de acceder a ello. Y el acceso a servicios de salud repercute directamente en la calidad y esperanza de vida de las personas. Un elemento más es la muy distinta calidad de la educación que se recibe, no sólo entre escuelas públicas y privadas, sino también entre distintos planteles del sistema público. Los mejores directivos y docentes, y los mayores recursos materiales en el sistema educativo no están destinados a las zonas con mayores carencias de escolaridad.

Sin importar la escolaridad de los padres, los hijos suelen completar la educación básica con menos de medio año perdido de escolaridad respecto al máximo posible. Sin

---

[16] Véase: Rodolfo De la Torre, "Del desarrollo humano a la movilidad social intergeneracional: progreso individual para el bienestar colectivo", en *Desigualdad económica, pobreza y movilidad social*, Gerardo Esquivel (coord.), México, Asamblea Legislativa CDMX, 2017.

embargo, las desigualdades educativas llevan a que los jóvenes entre 16 y 24 años pierdan en promedio más de cinco años de escolaridad respecto al máximo alcanzable.[17]

Las condiciones de origen y las desigualdades iniciales en salud y educación se traducen en empleos de muy distinta calidad para las personas. Quienes enfrentaron mayores barreras para acumular capital humano terminan en el sector informal con bajos salarios, empleos inestables y sin prestaciones, como una pensión digna.

La dispersión de los programas sociales hace inefectivos los esfuerzos por erradicar la pobreza. La segmentación de los servicios de salud y la seguridad social niega la realización de los derechos sociales por igual. La regresividad del gasto[18] educativo, existe porque los mejores directivos y docentes, y los mayores recursos materiales, no se asignan a las zonas con mayores carencias. Esta situación impide nivelar la calidad de la educación y el resultado de los factores anteriores hace que persista la desigualdad.

Las políticas públicas requieren romper la transmisión intergeneracional de la pobreza, hacer realidad el derecho universal a la salud, generalizar condiciones de calidad para el aprendizaje en el sistema educativo, generar empleos bien remunerados y formales, y garantizar condiciones para un retiro digno. Los ciudadanos no esperan acciones que sustituyan su capacidad de decidir, sino aquéllas que les permitan mostrar lo lejos que su esfuerzo responsable puede

---

[17] Véase: Rodolfo De la Torre, "Desigualdad y movilidad social de mujeres y hombres: progreso individual para la igualdad de género" en Gerardo Esquivel (coord.), *Vida en movimiento: problemas y políticas públicas*, México, Instituto Belisario Domínguez, 2017.

[18] Sucede cuando el gasto público (vía subsidios o apoyos) no beneficia realmente a quien lo necesita, sino a las clases privilegiadas.

llevarlos. Igualar oportunidades es el camino para permitir desigualdades aceptables, producto del mérito y no del privilegio con el que se nace.

La pobreza

En la actualidad, México no tiene un panorama de pobreza muy distinto del que tenía hace 23 años. De acuerdo con las mediciones de pobreza por ingresos del Consejo Nacional de Evaluación de la Política de Desarrollo Social (Coneval), en 2014, 20.6% de los mexicanos vivía en pobreza extrema y 53.2%, simplemente en la pobreza. Estos porcentajes no son muy distintos del 21.4% y 53.1%, respectivos, que existían en 1992. Además, con las crisis económicas de 1994 y 2008 se cancelaron los avances en reducción de pobreza. Esta vulnerabilidad de nuestro país para contrarrestar de forma rápida los avances en reducción de pobreza es simple y llanamente el resultado de las tres barreras que promueven la falta de igualdad de oportunidades y de políticas fragmentadas y dispersas. Además, las barreras estructurales que generan pobreza impactan de manera más profunda a grupos vulnerables, como mujeres, población rural o indígena. Por ejemplo, en 2016, la población rural en pobreza extrema era de 61.1%, frente a 38.4% de la población urbana. Asimismo, 7 de cada 10 indígenas vive en situación de pobreza, mientras que entre la población no indígena esta proporción baja a 4 de cada 10.

Por otro lado, de acuerdo con una medición multidimensional de la pobreza es posible observar una disminución en el porcentaje de población que padece estas carencias sociales entre 2012 y 2016 (véase tabla 1). No obstante, al ritmo que éstas han disminuido en los últimos cinco años, nos llevaría 122 años erradicarlas.[19]

Esta clase de medición toma en cuenta los siguientes aspectos (los cuales indican si una persona se encuentra en estado de pobreza):

- *Rezago educativo:* no completar la educación primaria y secundaria.
- *Carencia de acceso a servicios de salud:* no contar con servicios de salud, sistema de ahorro para el retiro o alguna pensión.
- *Carencia de acceso a seguridad social:* no tener adscripción al Seguro Popular, Instituto Mexicano del Seguro Social (IMSS), Instituto de Seguridad y Servicios Sociales de los Trabajadores del Estado (ISSSTE) o alguna otra institución pública o privada.
- *Carencia de calidad y espacios adecuados en la vivienda:* los pisos de las viviendas son de tierra, los techos de lámina y más de tres personas duermen en la misma habitación.
- *Carencia por falta de acceso a servicios básicos de la vivienda:* falta de agua potable, luz y alcantarillado.
- *Carencia alimentaria:* escasez de alimentos, en calidad y cantidad, necesarios para que una persona pueda alimentarse tres veces al día.

En este sentido, la tabla 1 reproduce el porcentaje de los indicadores anteriores.

---

[19] Si se considera la reducción en el porcentaje de pobres entre 2012 y 2016, se supone que habrá una reducción lineal hacia el futuro.

Tabla 1. Porcentaje de población según carencias sociales

Carencia social	% en 2012	% en 2014	% en 2016
Rezago educativo	19.2	18.7	17.4
De acceso a servicios de salud	21.5	18.2	15.5
De acceso a seguridad social	61.2	58.5	55.8
De calidad y espacios adecuados en la vivienda	13.6	12.3	12
Por falta de acceso a servicios básicos de la vivienda	21.2	21.2	19.3
Alimentaria	23.3	23.4	20.1

Fuente: Coneval, *Anexo estadístico de pobreza en México* [en línea], México, 2016, disponible en: <http://www.coneval.org.mx/Medicion/MP/Paginas/AE_pobreza_2016.aspx>.

Las tres barreras aquí descritas, corrupción, desigualdad e inseguridad, son problemas que no surgieron de manera espontánea y tampoco son problemas nuevos. Tienen profundas raíces en nuestra sociedad y se han fortalecido de manera dramática en las últimas décadas, sobre todo por el modo en el que evolucionó nuestro sistema político y, de forma más marcada, a partir de la alternancia democrática.

La ciudadanía activa:
La Ola Independiente

Construir un México con justicia para todos sólo podrá lograrse mediante un cambio profundo en la forma de hacer política, basado primordialmente en el involucramiento ciudadano en todos los procesos.

Debemos apostar por una salida que potencie la solidaridad y el sentido comunitario que vimos en todos los mexicanos luego de los sismos que sacudieron a nuestro país en septiembre pasado, y construir un amplio movimiento independiente que, desde la sociedad, busque romper las barreras que hoy inhiben el desarrollo del país.

El próximo 2018 será un año electoral importantísimo, en el que no solamente se renovarán la Presidencia de la República y las cámaras, sino que nos jugaremos también el futuro que queremos para México, ya que la continuidad de este sistema inercial e incapaz de generar bienestar para todos los sectores de la población, no sería sólo un problema de un sexenio más, sino que implicaría el subdesarrollo y la ampliación de estos problemas para el resto del siglo XXI.

De la presidencia *imperial* a la presidencia *feudalizada*

El sistema político mexicano se encuentra agotado. A partir de 1997, cuando el Partido Revolucionario Institucional (PRI) perdió la mayoría en la Cámara de Diputados y, sobre todo, cuando en el año 2000 ocurrió la primera alternancia en la Presidencia de la República, la articulación institucional y el modelo de gobierno sustentado en la figura del presidente, como eje rector de la política nacional, se han visto progresivamente debilitados. Las deficiencias operativas e instrumentales en el Poder Ejecutivo son cada día más evidentes, aun cuando la inercia cultural e institucional mantienen gran parte de la actividad política en torno a la figura presidencial.

Nos encontramos al final de un ciclo. El régimen político mexicano, construido sobre la concentración del poder en el presidente y la hegemonía de un solo partido político, han cedido espacio a la desconcentración progresiva del poder y a la pluralidad partidista. Las facultades metaconstitucionales, de las que habló Jorge Carpizo,[20] han disminuido. Sin embargo, ello no ha significado la consolidación de un modelo alternativo que sea verdaderamente eficiente y que garantice la gobernabilidad y la legitimidad en el procesamiento de las decisiones políticas.

El control del presidente sobre los otros poderes y sobre los gobiernos locales (que a su vez reprodujeron este modelo autoritario en sus respectivos ámbitos) fue la columna vertebral del modo de articulación del poder público

---

[20] Jorge Carpizo, *El presidencialismo mexicano*, México, Siglo XXI, 1978.

a lo largo de más de siete décadas. La transición democrática tuvo como objetivo sustituir este esquema por uno de mayores equilibrios y la apuesta por la competencia se hizo mediante la aparición de partidos.

Se pensó que la democracia electoral significaría una mayor pluralidad en las cámaras y en las entidades federativas. Se buscaba un mejor contrapeso al Poder Ejecutivo federal desde los representantes electos en el Legislativo y desde los gobiernos estatales y municipales. Al parecer, desconcentrar el poder iba a implicar una competencia donde la transparencia, la rendición de cuentas y la honestidad dieran pie a la incidencia de electores cada vez más informados, que compararan opciones y eligieran aquéllas con las mejores credenciales, antecedentes y resultados. Sin embargo, esto no fue así.

El sistema previsto en la Constitución de 1917, que degeneró en el presidencialismo autoritario imperante, no evolucionó positivamente después de la alternancia del año 2000. La idea de consolidar un sistema de partidos, que facilitara un verdadero esquema de pesos y contrapesos, sufrió terribles distorsiones a lo largo del camino. Se generaron ámbitos de poder que perdieron articulación con una visión colectiva y unos cuantos se aprovecharon de esta circunstancia.

Los partidos políticos y su representación en las cámaras se mimetizaron con las fórmulas y actitudes de su predecesor en el poder. Los contrapesos en el Congreso de la Unión no se consolidaron; por el contrario, se dio paso a un modelo de complicidades y negociación opaca, que en muchas ocasiones privilegió el beneficio individual, de grupo o facción, por encima del interés colectivo. La pluralidad de la democracia representativa no logró enraizar un balance frente a la figura presidencial. La negociación sin transparencia predominó, a tal grado que el uso del dinero y las influencias configuraron una espiral erosiva que ha llegado a manchar con *moches* la imagen del Poder Legislativo también.

Los gobernadores mantuvieron el predominio político sobre los otros poderes en sus entidades federativas. Exigieron mayores recursos de la federación, pero sin una mayor rendición de cuentas ni mayor transparencia. Los recursos de los elevados precios del petróleo, el incremento indiscriminado de la deuda estatal y la implementación de programas clientelares dieran como resultado en una verticalidad en la sucesión gubernamental de las entidades. De este modo, se configuró una dinámica donde el antiguo poder presidencial se compartió con una especie de *señores feudales* regionales.

En este contexto, la dinámica institucional tomó distancia de la sociedad con mucha rapidez. En amplios segmentos de la clase política se reprodujeron las antiguas formas de actuar y se pasó de la *presidencia imperial*, que atinadamente describió el historiador Enrique Krauze,[21] a la *presidencia feudalizada*. En lugar de que este modelo político evolucionará, para el año 2017, derivó en al menos 15 gobernadores, pertenecientes a todos los partidos políticos, marcados por la corrupción, incluso algunos de ellos ahora están tras las rejas.

---

[21] Enrique Krauze, *La presidencia imperial*, México, Tusquets, 1997.

La prácticas partidistas

La evolución del sistema político, por la que se apostó a través de los partidos, quedó trunca. Más allá de la incapacidad de ser un contrapeso al Ejecutivo, nuestra democracia no logró que los ciudadanos se sintieran plenamente representados. A lo más, se generó un esquema en el que, apenas cada tres o seis años, la gente tiene la oportunidad de votar o ser votada, aunque esto último ocurre en menor medida.

Hasta antes del 2015, el acceso al poder dependía de los partidos políticos, aunque primordialmente de sus cúpulas de dirigencia. Para mantenerse en el poder interno y favorecer a sus cercanos, la mayoría de las dirigencias partidistas muy rápido aprendieron prácticas como el *dedazo*, el *mayoriteo*, el *acarreo*, el *mapacheo* o la compra de votos en sus asambleas y consejos internos. A su vez, la falta de fiscalización y rendición de cuentas, que prevaleció, derivó en que gobernantes de todos los partidos políticos incidieran e involucraran recursos en estos procesos.

La falta de reelección, por ejemplo, desincentivó a representantes populares para mantener una relación estrecha con sus electores. En cambio, encaminaron sus intereses y agendas a los grupos de quienes dependía su futuro y subsistencia política. La relación entre cúpulas partidistas y representantes electos se volvió cada vez más estrecha, mientras que entre estos últimos y las personas que votaron por ellos hubo un distanciamiento. Por razones como éstas, la democracia electoral no implicó mejoras sustantivas en la calidad de la democracia representativa.

Por último, la pluralidad trajo consigo competencia y, junto con ella, el incremento exponencial en los costos de las campañas. Las prácticas electorales que antes se le criticaban al PRI, se volvieron herramientas que usaron el resto de los partidos.

Esta reproducción de las formas de actuar de los partidos impidió la conformación de verdaderos contrapesos. La feroz competencia electoral hizo que todos los actores justificaran el mismo proceder. La diferencia quedó sólo en el discurso, pero no en los hechos, ni en la convicción democrática, ya que todos han sido, de alguna forma, parte del mismo círculo vicioso.

El ciclo de las 6C

Los partidos políticos se han convertido en las instituciones con menor grado de confianza,[22] pues han quedado en evidencia los mismos patrones de comportamiento de excesos y ausencia de compromiso con la ciudadanía. A lo largo de los últimos años, se ha acrecentado el circuito que describe con claridad cómo se engendra y arraiga la corrupción en nuestro país. El circuito de las 6C que genera la corrupción, profundiza la desigualdad y siembra la inseguridad imperante se define por los siguientes conceptos:

1. *Campañas políticas.* Éstas requieren de enormes cantidades de recursos en un esquema de competencia electoral.

---

[22] La Consulta Mitofsky coloca a los partidos políticos en el último lugar de un total de 17 instituciones evaluadas, según el nivel de la confianza ciudadana. Véase: Consulta Mitofsky, *México: confianza en instituciones, 2016* [en línea], disponible en: <http://www.consulta.mx/index.php/estudios-e-investigaciones/mexico-opina/item/884-mexico-confianza-en-instituciones-2016> [consulta: 29 de septiembre de 2017].

2. *Compra de votos*. Es el mecanismo por medio del cual se definen los sufragios, en especial en los sectores que tienen menores ingresos, ya que se valen de la entrega de tinacos, despensas, enseres electrodomésticos, entre otras cosas.
3. *Clientelas electorales*. Son los grupos que reciben las dádivas durante las campañas. Ellos son prácticamente los únicos beneficiarios de los programas de gobierno después de las elecciones y se mantienen como segmentos demográficos que apoyan a un determinado partido en el poder. Parte importante de la mala distribución de oportunidades se origina en este modelo de acceso a bienes y servicios públicos, ya que los recursos públicos se destinan sólo a las clientelas electorales, en lugar de a quienes en verdad más lo necesitan.
4. *Compadres*. Son los que financian y prestan los recursos para que se realicen las campañas, para que luego se compren los tinacos y los bultos de cemento que se reparten a las clientelas electorales a fin de que voten por un candidato en particular.
5. *Contratos*. Éstos pueden ser de obra pública o de servicios. A ellos acceden los compadres que prestaron anteriormente su dinero para que recuperen su inversión con grandes ganancias. La corrupción de los últimos años se ha alimentado de estas prácticas y ha dado como resultado obras mal ejecutadas y servicios públicos deficientes.
6. *Crimen organizado*. Éste también llega a apoyar a algún candidato o partido a cambio de que, una vez que este último haya ganado en la contienda, le permita

seguir desarrollando sus actividades delictivas. La secuencia descrita es la que origina la inseguridad y la violencia prevalecientes en el país, donde policías y autoridades en todos los niveles se ponen al servicio de los delincuentes.

Todos los partidos políticos participan de este ciclo pernicioso (véase figura 1), ya que se han vuelto adictos al dinero que financia las campañas. Esta concepción corrupta del acceso al poder ha ocasionado la perversión del sistema político.

El ciclo de las 6C

- Campañas
- Compra de voto
- Clientelas
- Compradores
- Contratos
- Crimen

Hay muestras contundentes de la forma en que las principales fuerzas políticas del país se involucran en este ciclo. La corrupción y la impunidad que lo mantienen nos llevan a pensar que los contratos de obra pública y de servicios están relacionados con compromisos previamente adquiridos durante las campañas. Las *casas blancas* de compadres contratistas, el suministro de agua en lugar de quimioterapia, la entrega de medicinas caducas, las presas en ranchos privados, los socavones en autopistas, y un largo etcétera, son muestra de ello.

El ejemplo más terrible de nuestra historia reciente ocurrió en Iguala, en el estado de Guerrero, durante el mes de septiembre de 2014. Tras la desaparición de los 43 jóvenes de la Escuela Normal Rural Raúl Isidro Burgos de Ayotzinapa quedó en evidencia la terrible red de corrupción que había mantenido al presidente municipal en el poder. Como autoridad, dicho personaje permitió la colusión de policías municipales con un grupo delictivo relacionado con el tráfico de goma de opio. Este caso fue el primer ejemplo de la realidad descarnada que impera en todo el país y que es resultado de la complicidad de autoridades con criminales sembrada desde las campañas políticas.

Pocos meses después de los sucesos de Iguala, cinco jóvenes fueron desaparecidos de una manera semejante en Tierra Blanca, Veracruz. Hechos similares en distintas demarcaciones del territorio nacional. Una misma realidad, diferentes partidos. Policías, autoridades, desapariciones, fosas clandestinas y carpetas sin resolver que se aglutinan por centenas en las fiscalías estatales.

A nadie extraña que durante años las autoridades no hubieran hecho algo para frenar la actividad de los *huachicoleros* en Puebla o Guanajuato. A nadie sorprende que la renta de piso y la extorsión a comerciantes o empresarios sea una actividad extractiva en amplios territorios del país, y que la autoridad no logre eliminarla. Otra evidencia reciente de que esta situación plaga a todos los partidos fue el caso de la delegación Tláhuac, en la Ciudad de México; ahí quedó al descubierto la red de complicidades entre la autoridad delegacional y una amplia red de narcomenudeo.

El circuito de las 6C perfila, más que una democracia, una *tinacocracia*, en la que los partidos políticos y sus maquinarias electorales compiten por ver quién es el que mejor se aprovecha de las condiciones de marginación en las que viven amplios sectores de la población. Con tinacos se compran votos a grupos clientelares y se comprometen contratos a compadres que financian las campañas. Con ello, se siembra la corrupción, se incrementa la desigualdad y se pacta la inseguridad que tanto nos afecta.

¿Qué alternativas existen?

En los últimos años y, sobre todo, a iniciativa de la sociedad civil organizada se han hecho algunas modificaciones constitucionales que implican áreas de oportunidad. Se han incorporado figuras como la reelección de legisladores, las acciones colectivas, la consulta popular, las iniciativas ciudadanas y las candidaturas independientes, entre otras.

Cada una de estas figuras tiene una lógica muy distinta y atiende insuficiencias estructurales propias. Sin embargo, en sí mismas no representan la solución para ninguno de los problemas estructurales que aquejan a México; aunque sí son un avance sustantivo en la forma en la que la sociedad participa y se involucra en la gobernabilidad del país y en las decisiones públicas. El caso que en estos momentos nos ocupa es el de las candidaturas independientes, ya que éstas pueden ser un catalizador para cambiar la dirección de lo que hacemos en México.

Las candidaturas independientes como la única ruta para cambiar al país en 2018

A partir de 2014, las candidaturas independientes abrieron la oportunidad de competir por una vía distinta a la de los partidos políticos. Una nueva opción para luchar por el poder se abrió. A partir de ello, en 2015, se presentaron importantes logros por parte de nuevos actores que irrumpieron en la escena nacional.

A pesar de que en el último proceso electoral federal contendieron un total de 118 candidatos, sólo seis candidatos independientes lograron la victoria; pese a este resultado, ocasionaron una sacudida al sistema de partidos. Ellos se convirtieron en el ejemplo y representación del sentir social, y en muestra de la nueva configuración de nuestra democracia. Asimismo, sentaron un importante precedente porque exhibieron la necesidad de revisar los topes y fijar nuevos límites a los gastos para evitar dispendios y excesos de campaña. Ellos supieron cómo hablarle a la ciudadanía y lo hicieron fuera de un sistema tradicional partidista, en donde unos cuantos deciden quién competirá y no se realizan los filtros para garantizar que los candidatos tengan las capacidades y la calidad moral que exigen los electores.

El estudio *Origen y balance de las candidaturas independientes* –elaborado tras el proceso electoral del año 2015 por el Centro de Estudios Sociales y de Opinión Pública de la Cámara de Diputados– señaló que, en las estadísticas sobre las preferencias por los candidatos independientes, la mayoría (73%) obtuvo menos de 10% de los votos en el distrito o circunscripción electoral en la cual participó; 17%, alcanzó entre 10 y 20% de la votación, y uno de cada 10 obtuvo porcentajes superiores a 20%. Estos datos confirman que los independientes aparecieron en el escenario político, despertaron interés, compitieron y le ganaron espacios a los partidos políticos.

La vida de las candidaturas independientes aún es corta y le queda mucho por recorrer. Una gran prueba para esta nueva opción constitucional de los ciudadanos será, sin duda alguna, la elección de 2018. En este año no sólo estará en juego la elección de presidente de la república y la renovación de las dos cámaras del Congreso de la Unión, sino que se llevarán a cabo elecciones locales en diversos estados, se elegirán las gubernaturas de Chiapas, Guanajuato, Jalisco, Morelos, Puebla, Tabasco y Veracruz, así como la jefatura de gobierno de la Ciudad de México, y se elegirán los presidentes municipales y diputados a los congresos locales de varias entidades. De esta manera, a nivel nacional estarán en disputa un total de 3 326 cargos de elección popular.

Distintos grupos de ciudadanos se han organizado, y siguen haciéndolo, con la finalidad de participar en este importante proceso por la vía independiente. En lo que corresponde a la candidatura presidencial, varios colectivos hemos levantado la voz con la intención de conseguir firmas que correspondan a 1% del listado nominal en 17 estados de la república, que es el mínimo requerido por la ley electoral. Conseguir alrededor de 850 mil firmas en un periodo de cuatro meses es una tarea titánica, que exhibe con claridad las dificultades que los propios partidos han impuesto a aquellos ciudadanos que aspiran al poder por una ruta distinta a la de la partidocracia.

En este escenario, el pasado primero de julio de 2017, justo un año antes de las elecciones de 2018, ciudadanos de prácticamente todos los estados del país anunciamos la conformación de un equipo denominado #OLA365. Este agrupamiento nacional surgió con la idea de sumar aspirantes al Congreso de la Unión y a la Presidencia de la República. El objetivo ha sido encontrar a 300 mujeres y hombres que deseen contender por una curul en la Cámara de Diputados, 64 en el Senado y uno para la Presidencia. La suma de 365 contendientes posibilitará luchar por la titularidad del Poder Ejecutivo, pero ganar, al mismo tiempo, importantes espacios en el Poder Legislativo.

La Ola Independiente

A partir de los recorridos por la república mexicana y con el contacto que hemos tenido con actores locales, hemos visto que el interés por participar va más allá de los espacios federales. De hecho, gran parte de la energía y la fuerza organizativa se manifiesta con mayor intensidad en los espacios locales. Personas que aspiran a presidencias municipales o a diputaciones locales también se han acercado. Precisamente por esta razón, el nombre del movimiento se transformó en #OlaIndependiente.

Los objetivos que la #OlaIndependiente se ha propuesto a lo largo de este camino se enuncian a continuación:

- Disputar el sistema político a los grupos que lo tienen cooptado y construir opciones verdaderas frente al poder instituido.
- Hacer campañas diferentes, austeras y transparentes.

- Reivindicar la política y recuperar los espacios institucionales de los que hoy están adueñados unas cuantas personas.
- Armar una sólida infraestructura de movilización ciudadana durante la campaña, cuyo objetivo sea conquistar el poder por la vía institucional.
- Garantizar que dicha infraestructura quede instalada después de la campaña y se convierta en un elemento nodal de retroalimentación entre instituciones y ciudadanos.
- Construir un poder dual, ciudadano e institucional, que se valga de la comunicación y activación constante y horizontal entre gobernantes y gobernados.

Innovación desde la campaña

Para alcanzar los objetivos anteriores necesitamos una filosofía operativa común, es decir, principios y herramientas clave que nos permitirán construir los bloques para la instrumentación de campañas exitosas en colectivo. A continuación se enuncian y se explican brevemente:

- *Hacer posible lo imposible.* Debemos vencer la resistencia psicológica que tiene la sociedad sobre que el cambio no es viable. Incluso hay personas que emplean la máxima *el que no tranza, no avanza* para justificar su posición frente a la imposibilidad de cambio.
- *Austeridad.* El espíritu, la motivación y la inspiración de los participantes alrededor del proyecto son el motor fundamental del proceso. A diferencia de la forma en la que compiten los partidos políticos en el país

–compran votos, mantienen clientelas electorales y se valen de costosas estructuras territoriales pagadas con dinero público o privado–, la tesis principal de este esfuerzo es que las campañas políticas de los candidatos independientes pueden ser austeras. Las campañas con costo mínimo deben reforzarse mediante la cercanía a la gente, la transparencia en su desarrollo, la eficiencia en el uso de los recursos disponibles y la eficacia en conseguir las metas.

- *Mensaje.* No basta con decir que somos independientes para tener atención y garantizar el apoyo ciudadano. El descrédito de los partidos políticos, del que hablamos arriba, no es un elemento suficiente para que otras opciones prosperen de inmediato; incluso, me atrevería a decir que el escrutinio ciudadano es mucho más incisivo hacia aquéllos que aspiran a una candidatura independiente. Por ello, la claridad del mensaje, de los objetivos y su posicionamiento son indispensables.
- *Ejército digital.* Las nuevas tecnologías de la información, las redes sociales y las bases de datos que permitan acercar a aquéllos que tienen intereses comunes son elementos disruptivos que han creado un entorno distinto para la competencia electoral. Hoy es perfectamente viable el crecimiento exponencial de un proyecto en poco tiempo; por ello, es indispensable organizar un verdadero ejército de voluntarios que consigan las firmas necesarias aprovechando las redes personales y todas las dinámicas posibles de contacto y articulación con la gente. Además, en grupos urbanos y de jóvenes la dinámica de interacción

a través de las redes sociales permite profundizar el diálogo, el diagnóstico compartido de problemas, y la construcción de propuestas y soluciones desde una ámbito horizontal.

- *Desplazamiento territorial.* Es necesario pasar de la activación digital a la territorial. Es decir, transitar de las avenidas de la banda ancha a las calles y colonias en cada demarcación geográfica del país. Por ello, resulta indispensable construir alianzas territoriales con distintos tipos de actores que compartan una misma visión. Las activaciones digitales sirven de poco si ellas no se traducen en activaciones de carne y hueso; es decir, que la gente se aglutine y se encuentre en la plazas, barrios y comunidades del país. Que los ciudadanos tomen la política en sus manos implica un enorme esfuerzo.

Ubicar, dialogar y acordar con actores que comparten el interés por competir por la ruta independiente es un elemento relevante frente al proceso de 2018; ya que ello permitirá que el concepto *independiente*, como una ruta alternativa, tenga una mayor penetración para hacer política.

No debe ignorarse que existe el riesgo de que actores nocivos pudieran insertarse en esta ruta. En este sentido, el acompañamiento con la sociedad y la información pública que se genera en las redes serán cruciales para identificar y diferenciar cada uno de los perfiles de los actores.

Cambiar el régimen por la vía institucional

La #OlaIndependiente ha definido la vía institucional como un elemento de transformación. El objetivo es alcanzar el poder por la vía electoral y competir por cargos públicos, tanto en el Poder Legislativo federal y el Poder Ejecutivo, como en las legislaturas de los estados y los gobiernos locales. Para alcanzar este propósito, la Ola Independiente tiene un calendario claramente establecido, que inicia con el proceso de recolección de firmas de respaldo ciudadano y culmina el primero de julio de 2018, durante la jornada electoral. La extensión del periodo para recabar firmas de respaldo ciudadano depende del cargo al que se aspire. Por ejemplo, en el caso de presidente de la república, el periodo para recabar firmas de respaldo dura 120 días. Sus metas deben ser coherentes con el objetivo fundamental de hacer una política diferente, pensar fuera de la caja, representar un modelo alternativo de hacer las cosas, innovar y dar resultados que generen confianza. Por ello, los tres ingredientes operativos clave son: firmas, campaña y gobierno.

Firmas

Se tienen que conseguir desde una óptica colectiva y no meramente individualizada. Ahora, el principal reto que tenemos es garantizar el apoyo ciudadano mediante el número suficiente de firmas que posibiliten a la Ola Independiente estar en la boleta electoral. En Guerrero tienen un dicho: *Para que haya guisado de liebre, primero hay que tener liebre.* Esta afirmación sólo es para hacer énfasis en lo que resulta evidente. De poco sirve levantar la mano, expresar interés por participar, hacer propuestas si, al final del día, no se cumple con el requisito legal para figurar en la elección. La tabla 2 muestra la magnitud del reto y presenta el cálculo del número de firmas de apoyo ciudadano que se requiere para competir por los cargos de presidente de la república, senador y diputado federal, en cada una de las entidades, así como el número de días para conseguir dichas firmas.

Tabla 2. Requisitos de firmas de apoyo ciudadano por entidad y por cargo

Entidad	Total Listado Nominal	Presidente de la república (1%)	Senador (2% entidad)	Diputado federal (2% distrito)
		120 días	90 días	60 días
		El 1% del padrón nominal vigente en cuando menos 17 entidades federativas.	En al menos la mitad de los distritos que sumen como mínimo el 1%.	En al menos la mitad de las secciones electorales que sumen cuando menos el 1%.
Total nacional	86 659 234	866 593	cada estado	cada distrito
Aguascalientes		909 683	9 097	18 194
Baja California		2 636 873	26 369	52 738
Baja California Sur		500 637	5 007	10 014
Campeche		624 595	6 246	12 492
Coahuila		2 084 523	20 846	41 692
Colima		517 529	5 176	10 352

Chiapas	3 416 770	34 168	68 336
Chihuahua	2 659 231	26 593	53 186
Ciudad de México	7 465 580	74 656	149 312
Durango	1 246 925	12 470	24 940
Guanajuato	4 254 038	42 541	85 082
Guerrero	2 454 384	24 544	49 088
Hidalgo	2 057 224	20 573	41 146
Jalisco	5 772 134	57 722	115 444
Michoacán	3 335 997	33 360	66 720
Morelos	1 408 562	14 086	28 172
Nayarit	823 375	8 234	16 468
Nuevo León	3 780 344	37 804	75 608
Oaxaca	2 789 857	27 899	55 798
Puebla	4 354 900	43 549	87 098
Querétaro	1 524 677	15 247	30 494
Quintana Roo	1 157 518	11 576	23 152
San Luis Potosí	1 920 264	19 203	38 406
Sinaloa	2 080 488	20 805	41 610
Sonora	2 041 466	20 415	40 830
Tabasco	1 657 945	16 580	33 160
Tamaulipas	2 558 888	25 589	51 178
Tlaxcala	893 849	8 939	17 878
Veracruz	5 640 671	56 407	112 814
Yucatán	1 496 422	14 965	29 930
Zacatecas	1 134 657	11 347	22 694

Campaña

Es preciso modificar los formatos y mecanismos de acercamiento a una sociedad escéptica e inconforme con la dinámica electoral. Hay que reivindicar la forma de hacer política durante las campañas, ya que los votantes tienen la sensación de que simplemente son utilizados en ellas y que aquéllos por quienes votan jamás cumplirán lo que prometen. Por ello, la innovación durante este proceso es fundamental; es el mayor reto que se enfrenta alguien que busca hacer una campaña diferente.

Tocar puerta por puerta, caminar colonia por colonia, dialogar comercio por comercio son las únicas formas de remontar la adversidad y la percepción que prevalece frente a la mala política. Hacer cosas diferentes ayuda, sin duda alguna. Sacar el lado humano del proceso es un arte que todos los candidatos pueden y deben aprovechar.

La experiencia nos ha convencido de que una campaña exitosa depende de una mezcla equilibrada de tres factores: innovación en el formato, claridad en el mensaje y la propuesta, y el perfil del candidato. Estos elementos permiten enfrentar competitivamente las artimañas que los partidos políticos acostumbran llevar a cabo. La propuesta es tan importante como la manera en la que ésta se construye, y para remontar los enormes retos que enfrenta el país se requiere aprovechar el talento y la energía de muchos millones de mexicanos.

La campaña tiene que cumplir un doble propósito. El primero, que es evidente, es conseguir el número de votos necesarios para alcanzar la victoria; el segundo, de igual trascendencia, es crear en la ciudadanía la articulación y movilización que incida más allá del proceso electoral.[23] Para ello, la infraestructura de movilización ciudadana debe cumplir las siguientes funciones:

- Informar acerca de los problemas públicos y las demandas ciudadanas.
- Enlazar las demandas ciudadanas inmediatas con políticas públicas innovadoras, auxiliándose de recomendaciones de especialistas.
- Articular una red de toma de decisión, de especialistas y de productores de contenido, para modificar las políticas públicas.
- Conectar a las personas movilizadas con otras que también desean hacerlo para impulsar cambios en políticas públicas.
- Reaccionar ante decisiones que amenacen las demandas populares.
- Convocar a una gran cantidad de personas para que se adhieran a las demandas populares y modifiquen las políticas públicas existentes.
- Organizar a las personas movilizadas para que formen comunidades de acción y ofrezcan su tiempo y talento a causas comunes.
- Conquistar cambios en políticas públicas a partir de la movilización sustentada en demandas populares.
- Reactivar a las personas movilizadas para atender, colectivamente, otras demandas populares.

[23] Matías Bianchi, "Recuperar la política"; Alessandra Orofino y Miguel Lago, "La infraestructura de movilización ciudadana", en Matías Bianchi (comp.), *Agendas de innovación política en América Latina*, Buenos Aires, Asuntos del Sur/Democracia en red, 2017.

- Financiar nuevos esfuerzos de movilización relacionados con una causa identificada; por ejemplo, mediante sistemas de financiación colectiva y anónima de proyectos a través de internet, conocida con el nombre de *crowdfunding*.

Esta plataforma de movilización ciudadana debe conformarse durante el proceso electoral y mantenerse de manera que permita un vínculo permanente del gobierno con la sociedad movilizada. Así, la plataforma presentada en campaña podrá mejorar durante el proceso electoral, con correcciones que la propia sociedad haga a los planteamientos presentados por los candidatos. Una vez en el gobierno, cuando dicha plataforma deba convertirse en políticas públicas que sean implementadas, podrá tener la cogeneración, acompañamiento, implementación, seguimiento y fiscalización por parte de quienes integren la plataforma de movilización ciudadana, entre otros.

Gobierno

Los candidatos independientes que tengan éxito en la contienda tendrán la obligación de hacer las cosas de manera distinta. No se trata de ganar para que después impere la inercia. La idea es aprovechar la legitimidad y los nuevos centros de gravedad ciudadana, de los que depende quien resulta ganador, para actuar y operar de forma diferente.

Con quién se gobierne es tan o más importante que lo que se propone. Del equipo dependerá el sello que habrá de imprimirse en los actos de gobierno. Precisamente por esa razón, el formato de organización de campaña es el preámbulo del formato de organización para el gobierno. En un esquema de participación ciudadana amplia, las coaliciones electorales deben mantenerse como coaliciones de gobierno. Por esto, la comunicación y la articulación continua son la única base para garantizar el éxito.

Es necesario gobernar redeado de los mejores. Habrá que designar, desde la organización ciudadana que se conforme en campaña, al equipo con el que se trabajará. Los filtros para la selección de perfiles y la aplicación de una convocatoria para la incorporación de nuevos elementos con capacidad y experiencia, que además se sujeten a las reglas, son elementos que deberán guiar a los funcionarios electos para enfrentar exitosamente los movimientos de las burocracias predominantes.

Es muy importante buscar consensos con otras fuerzas políticas, ya que éstos permiten impulsar propuestas. Sin lo anterior, la ineficiencia pronto se convertirá en estancamiento, y éste se volverá desencanto y pérdida de apoyo ciudadano.

Es indispensable el esfuerzo organizativo fuera del gobierno para contar con una base de apoyo que tenga contacto, comunicación y diálogo con la ciudadanía, al tiempo que se constituya en un contrapeso y control continuo que permita fiscalizar el trabajo, exigir el cumplimiento de metas y actualizar los propósitos de gobierno. La labor de la movilización ciudadana será muy útil para este propósito.

La participación ciudadana es un músculo que debe ejercitarse continuamente. La atrofia que hoy tenemos es resultado de que aún hay pocos espacios para que se ejerza todos los días. Por esta razón, es necesario construir una dinámica donde las decisiones sean evaluadas por los actores sociales y la descentralización ayude, desde la sociedad, a equilibrar la toma de decisiones en el ámbito de poder, para que el movimiento ciudadano se mantenga incluyente, horizontal y con visión progresista.

Fin de ciclo y comienzo de uno nuevo

Vivimos el fin de un ciclo político que estuvo caracterizado durante décadas por el predominio de la figura presidencial. A partir de la alternancia del 2000, el presidente de la república ha compartido un mayor espacio con el Congreso y con los ejecutivos estatales. Sin embargo, ese nuevo modelo no ha logrado dar mejores respuestas a la sociedad y ahora exhibe preocupantes grietas. En su mayoría, los gobernadores son vistos como copartícipes de la corrupción en el país o, incluso, como aliados de la actividad criminal, en lugar de ser responsables de garantizar la gobernabilidad y la seguridad en los estados.

El momento histórico que vivimos exige definiciones profundas. Hay que diferenciar claramente entre aquéllos que están cerrando la cortina del ciclo político –como Javier Duarte, desde la cárcel– y los que la abriremos para uno nuevo. El funcionamiento del sistema político mexicano dependerá de la forma en que se articule la relación de la sociedad con el gobierno, por un lado, y la caracterización de las formas de gobernar, por el otro. Para sintetizar, a continuación, la tabla 3 presenta algunas diferencias sustantivas entre el modelo que termina y el que debemos armar, impulsar y consolidar.

Tabla 3. Modelos de articulación en la relación sociedad-gobierno

Antiguo modelo	Nuevo modelo
Cerrado.	Abierto.
Vertical.	Horizontal.
Unipersonal.	Colectivo.
Anclado en lo *partidizado* (fragmentado).	Por encima de lo *partidizado* (no fragmentado).
Comunicación unidireccional.	Comunicación multidireccional.
Excluyente.	Incluyente.
Creación de valor	
Temor a la innovación y emprendimiento.	Promoción de la innovación y el emprendimiento.
De instituciones extractivas.	De instituciones inclusivas.
Sustentado en administrar lo escaso.	Sustentado en administrar lo abundante.
Visión global	
Desarticulación entre lo local y lo global.	Integración entre lo local y lo global.
Sociedad al margen de los procesos.	Sociedad en el corazón de los procesos.
Clientelar.	Ciudadanizado.

El nuevo modelo debe estar construido a partir de lo colectivo y con espíritu colaborativo, en comunidad con otras personas y dentro de una organización horizontal, donde el poder para tomar decisiones está en quienes tienen mejor y más información para llevarlas a cabo. La acción individualista está en segundo plano y, aunque se promueve lo individual, no se promueve el individualismo.

Ahora vivimos en tiempos en los que la acción colectiva demuestra que es superior; sólo hay que pensar en la reacción de la ciudadanía ante los sismos del pasado septiembre de 2017. Éste es el momento de las comunidades y hay muchos ejemplos al respecto, desde el éxito del desarrollo de *software* de código abierto hasta la defensa de los derechos humanos y el combate a la corrupción.

Cuando el entorno cultiva ciertos valores centrales, como la empatía, el empoderamiento y la meritocracia, el principio de lo colectivo triunfa y se materializa en sinergias. El tránsito de organizaciones verticales y jerárquicas –que tienden a la masificación, a la estandarización y a la concentración de decisiones en la cúpula–, hacia esquemas de organización horizontales, como el que proponemos, es posible cuando las personas actúan de una forma colaborativa e intentan ubicarse en los zapatos de los otros; donde los líderes se ocupan de entregar el bastón de mando a las personas que son parte de la organización, de forma que asuman responsabilidad individual, tengan sentido de pertenencia y se empoderen.

En un modelo de organización abierta, las decisiones se toman con la participación libre e incluyente de la sociedad y de manera transparente. El valor se entiende como aquello que facilita la vida de la sociedad y genera progreso. Este principio está identificado con un tipo de mentalidad y de actitud: la de los emprendedores, las mujeres *logronas*, los *estartoperos* y los migrantes, es decir, todos aquéllos que luchan y se esfuerzan para crear riqueza en las distintas áreas de la sociedad.

Este principio está aparejado con la innovación, con la generación de nuevas ideas, con soluciones a problemas y con los valores de respeto al esfuerzo, al mérito y al dinero. Una sociedad que premia y promueve este tipo de comportamientos y valores tendrá instituciones inclusivas y expandirá sus posibilidades de bienestar y administrará lo abundante. Esto implica hacer el pastel más grande por la vía del trabajo honesto, debidamente retribuido, respetado y premiado.

El ámbito local es un motor de cambio y transformación en el mundo. Las ciudades se están volviendo importantes centros de innovación, donde las alianzas de los gobiernos con sus ciudadanos están generando tendencias y procesos dinámicos que impactan incluso de manera global. Por ello, lo local cobra relevancia como nunca antes en batallas que van desde el cambio climático hasta los pronunciamientos en pro de los derechos de las minorías (ambos ejemplos se mostraron claramente en Estados Unidos frente a la llegada de Donald Trump a la presidencia).

Pensar lo local con visión global brinda la oportunidad de elaborar nuevos esquemas de colaboración del gobierno federal con los gobiernos locales, considerando a las organizaciones ciudadanas como una variable estratégica. Por ejemplo, hay que pensar en detonar un *boom* en la articulación ciudadana para que impacte positivamente las localidades, por ello es necesario que los distintos niveles de gobierno se conviertan en meros facilitadores y no en administradores de la vida de las personas.

Este modelo demanda pensar en un nuevo federalismo en el que se plantee la transferencia de las decisiones presupuestales, que en la actualidad están en manos de los partidos políticos, hacia los ciudadanos y sus organizaciones.

La plataforma ciudadana y los actos de gobierno son dos cosas que siempre se complementan, y esta relación se fortalecerá y retroalimentará progresivamente, en la medida en la que se persigan las características definidas por el nuevo modelo. Es decir, en el nuevo modelo las políticas públicas, la gestión del poder, la forma en que se administren los recursos, la manera en que se toman las decisiones, la identificación y definición de prioridades, la estructura organizativa y la comunicación con la sociedad deben perseguir las características antes expuestas.

Un México con futuro

Las preguntas finales son las siguientes: ¿para qué hacer todo esto? ¿Hacia dónde nos dirigimos? Aquí me permito escribir en primera persona para después regresar al ámbito colectivo. Parto de una certeza personal: los mexicanos estamos listos para ser los creadores de nuestra propia historia.

En este momento tenemos que decidir si seremos los protagonistas de nuestro destino, o si seguiremos como espectadores quejosos frente a los acontecimientos que la vida y el mundo nos arrojan.

Sólo tenemos el presente para tomar decisiones y, para ello, debemos tomar información del pasado e imaginar dónde queremos estar en el futuro. En México, nos falta tomar conciencia de que este presente que vivimos es crucial para dar el salto necesario hacia delante. Si esto no ocurre, corremos el riesgo de perder la oportunidad de hacerlo, quizá para siempre.

Otros países ya se preparan para un futro en el que la tecnología y la innovación jugarán papeles fundamentales en el día a día de las personas. Estas naciones siguen una ruta para sacar el mayor provecho de las circunstancias que vienen para la humanidad y buscan desarrollar la creatividad, la imaginación, el trabajo en equipo, la flexibilidad, entre muchas otras capacidades, que el futuro demandará.

Ya sabemos todo lo que no sirve; tenemos diagnósticos en exceso sobre por qué la realidad del país es así. Hay queja, enojo, hartazgo y energía de cambio. Pero tenemos que reflexionar hacia dónde debe dirigirse esta última. Nuestra meta es que en el país haya justicia para todos, porque cuando esto ocurra la historia de todos nosotros volverá a ser esperanzadora. También necesitamos construir un México con un futuro en el que contemos con las herramientas y capacidades para enfrentar el competido entorno global, transformado constantemente por la tecnología.

Para que haya justicia tenemos que derribar las tres barreras que se señalaron en el capítulo anterior: la corrupción, la desigualdad de oportunidades y la inseguridad. El primer paso necesario y obligatorio para hacerlo es acceder al poder por la vía independiente en el año 2018. El segundo paso es armar, desde la campaña, una plataforma de movilización ciudadana que garantice una nueva relación del gobierno con los ciudadanos.

Una vez que alcancemos el poder, se tendrá que impulsar la agenda de políticas públicas que hagan realidad un país con justicia para todos y que posibilite un México con futuro.

Como político guerrerense, pero, sobre todo, como padre de familia, la sangre y el dolor de la desaparición forzada de los estudiantes de la Escuela Normal Rural de Ayotzinapa despertaron mi conciencia y me impulsaron a buscar un camino nuevo para crear un país distinto. En 2014 renuncié a la posibilidad de ser gobernador de mi estado porque eso era lo correcto; no iba a pactar ni a transitar por el camino de las fuerzas oscuras que sólo abusan de México.

En los años que siguieron, dediqué mi esfuerzo político en el Senado para construir el Sistema Nacional Anticorrupción, llevando conmigo la convicción de que la corrupción mata. Ya sea como la de Iguala, donde los policías se convierten en criminales, o bien como la del socavón en la salida a Cuernavaca, donde los funcionarios corruptos también jalan el gatillo que termina con la vida de inocentes.

Todo esto no es justo. México es una nación que resiste, pero que hace mucho tiempo no sonríe. La división, el enojo, el hartazgo, el resentimiento, el racismo, el deseo de venganza, el miedo y la violencia han desplazado la esperanza de reconciliación.

El país en el que vivimos no es justo y tampoco lo es dejarles a nuestros hijos esta herencia. La sociedad mexicana incluye a unos pocos y deja fuera a millones. Y no estamos llevando el barco por buen camino para arreglar ese panorama en el futuro.

Vivimos como pasmados; dando vueltas en círculos, mientras los demás países nos rebasan por la izquierda y la derecha, y trazan una ruta mejor hacia el futuro. Miremos alrededor nuestro y más allá de las fronteras porque no estamos conscientes de la velocidad a la que avanza el mundo.

Como sociedad y potencia económica, corremos un alto riesgo de quedarnos obsoletos viendo pasar el desarrollo, si no consideramos de una vez la revolución tecnológica, la evolución hacia las energías limpias del sol y del viento, y los avances en la inteligencia artificial que están eliminando empleos y creando otros totalmente nuevos.

En este escenario entra la apuesta por la política independiente. La gran diferencia que ésta tiene con la política partidista de siempre es que, mientras que la partidista gasta miles de pesos por votante y genera los malos resultados que hoy están a la vista de todos, la independiente busca hacer lo mismo con una centésima parte de ese costo. No hay razón para mantener un gasto tan grande a costa de la gente sólo para definir quién gobierna. Ni tampoco para tirar así el dinero que viene del trabajo de todos, cuando hay formas mucho más baratas y que tienen mejores desempeños, tal y como la evidencia lo demuestra.

La política independiente es algo así como un cambio de tecnología. Ofrece lo mismo, la posibilidad de elegir gobernantes, pero a costos mucho menores y con la promesa de mejores resultados: cercanía con la ciudadanía, honestidad en el manejo de los recursos públicos y eficacia, por mencionar algunos de los más importantes.

Podemos ser mejores. Los gobernantes que surjan de la política independiente, de un proceso austero y que inspire voluntades se comportarán de manera distinta. Serán capaces de recuperar la cercanía y la confianza de la gente, y de llevar este barco a un destino mejor. Tal como funcionan hoy los partidos políticos, es imposible que logren hacer esto porque –hay que enfatizarlo– sufren de adicción al dinero.

Es una injusticia y un insulto cuando los candidatos de los partidos miran a los ojos de los niños descalzos que piden limosna en la calle, mientras las elecciones cuestan miles de millones de pesos. Tampoco es ético ni justo que las madres de hijos enfermos en hospitales públicos tengan que ir a la farmacia a comprar de su bolsa los medicamentos que aliviarán el dolor de sus pequeños. Ni que la libertad en México se venda a quien pueda pagarla; por ejemplo, las familias gastan sus ahorros de vida y acaban con deudas enormes para pagar abogados *coyotes* que las estafan, mientras sus familiares inocentes se quedan años en la cárcel.

México es un país desigual y abusivo. Pero llegó el momento de atrevernos a dejar de ser ciegos y ponernos en los zapatos del otro ante esta gigantesca injusticia. En estos momentos, la política independiente es mucho más que una moda o una simple opción nueva en la mesa, es una obligación ética para votantes y votados.

Como lo he sugerido en este capítulo, creo que vivimos en medio de dos versiones de México y en esta generación cargaremos con el peso histórico de haber dado, o no, el salto que se nos demanda. La batalla de hoy no es entre izquierda y derecha, o entre ricos y pobres, es una lucha entre los que le apuestan al sistema de siempre (con los partidos políticos que actualmente existen) y los que queremos un nuevo sistema representado por la política independiente; aquélla que rompe los moldes, que es ajena al círculo de intereses que hoy tienen estancado al país y que nos permitirá abrir una ruta más justa hacia un futuro mucho mejor. Que quede claro: los partidos políticos, tal como son ahora, fallaron en su tarea y deben ser renovados. La política independiente es el único catalizador que existe para que eso ocurra.

Éste es el momento de construir un puente y cada uno de nosotros puede ser, si así lo decide, una piedra de él. Se trata de un puente para llegar a un México con justicia, donde ningún niño, joven, mujer, hombre o anciano, nacido en esta tierra, esté privado de la oportunidad que merece tener para construir la mejor versión posible de su propia historia, sin importar su origen. Sólo de esta manera podremos tener un país que genere riqueza para todos y donde se pueda vivir en armonía.

En el México con justicia para todos, las decisiones incluyen a los que tienen voces que quieren ser escuchadas y manos que desean trabajar en la construcción de nuestro puente. Por eso, hay que ir allá afuera para estar con las personas y ser parte de su proceso de vida. No sólo hay que escucharlos, sino inspirarnos en su realidad y sumarnos a su deseo de cambio.

La tecnología de hoy nos permite acercarnos a un gran número de personas en muy poco tiempo. Por primera vez en nuestra historia esto es así. Todo el mundo está innovando y la política no puede quedarse atrás. Nuestra vida política está en su momento más veloz, el que más nos reta y el que más nos abre oportunidades. Tenemos que tomarlas.

La #OlaIndependiente nos puede catapultar hacia el siguiente momento de la república. Incluso, habrá nuevos partidos políticos formados con fundamentos distintos y sin las fallas de hoy. Pero nadie puede mejorar si sigue haciendo lo mismo. Hay que salir de ahí. Ése es el primer paso de la ruta independiente: dejar atrás el vicio del dinero (que sufren los partidos) para poder ser fiel a los valores sociales. He decidido, de manera personal, unirme a la expresión de una generación entera que está actuando diferente.

Los mexicanos merecemos esta posibilidad en la elección del 2018 y los partidos políticos necesitan de los que recurrimos a la inspiración más que al dinero; de los que buscamos convencer y emocionar a la ciudadanía, los idealistas, los indecisos y también de los que ya no creen en nada.

En los próximos seis años se juega el destino de México para los siguientes 50. De ese tamaño es la apuesta que tenemos enfrente. De eso se trata la elección que viene. Y así de grande es el significado del evento colectivo de recaudación de firmas que estamos presenciando.

México reclama una gran victoria colectiva. Este fin de año 2017 debemos aportar nuestra firma, nuestro nombre y apellidos, y la foto de nuestro rostro para que la política independiente tenga vida y pueda competir en el 2018. Ésta será la forma en la que, de una crisis profunda, surgirá la alegría y con ella un nuevo comienzo.

Rompiendo las barreras para salir del laberinto: la justicia en México

En los capítulos previos hemos señalado la necesidad de migrar a un nuevo modelo social, político y económico para nuestro país. La palabra que mejor define la naturaleza de este modelo es apertura.

Estamos convencidos de que para desatorar a México, para romper con los tres grandes bloqueos que enfrentamos –corrupción, inseguridad y desigualdad de oportunidades– es necesario pasar de un sistema de justicia cerrado a uno abierto. La justicia cerrada es sólo para unos cuantos, se maneja con componendas, corruptelas y favoritismos y no permite que el país transite a un sistema donde el castigo por la violación a la ley sea igual para todos.

Para hablar de justicia, la primera pregunta que debemos hacernos es: ¿por qué el derecho es respetado en una sociedad?, es decir, ¿qué es lo que motiva a las personas a acatar las normas que regulan su conducta en una sociedad? Para dar respuesta a esta pregunta, Ana Laura Magaloni[24]

---

[24] Ana Laura Magaloni, "Legitimidad y orden" [en línea], en *Reforma*, 3 de octubre de 2015, disponible en: <http://www.reforma.com/aplicaciones/editoriales/editorial.aspx?id=72788> [consulta: 29 de septiembre de 2017].

retoma el trabajo de Tom Tayler, de la Universidad de Yale, y señala que: "ninguna sociedad podría existir como tal si las autoridades no tienen forma de establecer y mantener un orden social a través de regular jurídicamente las conductas de los individuos". Obedecer las normas y contar con un verdadero Estado de derecho, donde la ley sea percibida como la garantía para una sana convivencia, es la única ruta que hoy existe para demoler los males que nos aquejan.

¿Cómo podemos incentivar a que la gente obedezca de forma voluntaria las leyes y de la mejor manera posible? Contestar esta pregunta resulta fundamental, en especial, si aceptamos que México enfrenta las tres barreras que hemos señalado, las cuales están directamente relacionadas con la forma en que se aceptan y se acatan las normas. Además, hay violencia en amplias regiones del territorio y la intermediación del Estado en los conflictos sociales ha sido ineficiente. Por si fuera poco, no sólo destaca el empleo informal en dos de cada tres actores económicos, sino la incapacidad recaudatoria de la autoridad, que en ocasiones, es menos eficaz a la que logran algunos grupos criminales.

Premiar y castigar las conductas influye en la forma en que se da el comportamiento de las personas en una sociedad. Cuando los individuos perciben que sus acciones serán sancionadas y consideran que es alta la probabilidad de que así sea, suelen comportarse conforme establecen las normas. De esta manera, acatarlas voluntariamente está relacionado con el miedo al castigo que implica no hacerlo o el beneficio que conlleva su cumplimiento.

Sin embargo, el miedo a la sanción no es suficiente. En una situación como la que vive México, en muchos casos, ese temor no existe, sobre todo cuando la justicia puede comprarse por los delincuentes o negociarse por quienes tienen poder.

La legitimidad de la autoridad es una motivación mucho mayor que el miedo. Ésta está relacionada con el respeto que los integrantes de una sociedad le tienen a la autoridad. La racionalidad, o el costo-beneficio que conlleva acatar o no una norma, tiene menor fuerza que el respeto o incluso la admiración que pudiera tenérsele a la autoridad. De esta manera, el respeto a las leyes está relacionado con un conjunto de valores en los que creen los miembros de una sociedad.

Una buena experiencia con el policía, el juez o la autoridad administrativa puede cambiar el comportamiento a futuro de los infractores y propiciar el deseo de acatar voluntariamente las normas; pero una mala experiencia genera el efecto contrario.

El trato que la autoridad le brindé a los ciudadanos tiene un impacto directo en la forma en que éstos se comportan en la sociedad. Si perciben un trato disparejo, se alejarán con mayor frecuencia del comportamiento que señala la norma. Por otro lado, cuando advierten que el trato de la autoridad es digno y parejo, se genera confianza y se reduce la conflictividad.

De este modo, la justicia procedimental está vinculada con el trato que jueces, policías y autoridades administrativas le den a los ciudadanos. Cuando estos últimos consideran que los procedimientos son iguales para todos, saben que serán escuchados, tratados dignamente y que cuentan con información clara sobre cómo se desarrolla algún procedimiento, entonces hay mucho mejores resultados en la conducta de las personas.

Por estas razones, la legitimidad de los procedimientos es mucho más contundente a la hora de definir cómo se respeta la ley que el simple miedo al castigo.

Ineficiencia económica y violencia[25]

En México, con sus más de 120 millones de habitantes, pensamos que el Estado de derecho existe y garantiza la sana convivencia cotidiana. Desafortunadamente, esta afirmación es falsa para enormes estratos de la población. En el país, un importante porcentaje de la gente opina que la justicia se aplica de manera selectiva. En una encuesta, aún no publicada, que realizó la plataforma Questia,[26] se comprobó que cuando uno pregunta cómo funciona la ley, 73% de las personas entrevistadas considera que la justicia sólo es para quien puede pagarla; 10% responde que ni siquiera con dinero se puede tener justicia; 9% cree que es lenta, pero que funciona y, por último, 8% señala que lo verdaderamente justo es el dicho que señala: *Ojo por ojo, diente por diente.*

Las respuestas anteriores dejan claro que una amplia mayoría de mexicanos no cree que el Estado de derecho funciona de manera correcta en nuestro país. Frente a este escenario cobra relevancia preguntarnos: ¿por qué es importante que haya justicia para todas las personas por igual?, y ¿por qué es relevante apostar para que se cumplan las normas?

[25] La presente sección fue construida en coordinación con Ana Laura Magaloni Kerpel. Diversos planteamientos aquí presentados han sido ya publicados por ella en su colaboración editorial en el periódico *Reforma*.
[26] Véase: Questia, disponible en: <www.questia.mx> [consulta: 21 de septiembre de 2017].

El Estado de derecho es aquél en el que los ciudadanos deciden que todas sus relaciones se regirán por un conjunto de leyes y normas en cada momento, y nadie, absolutamente nadie, puede estar exento de cumplirlas. Esta condición es la que garantiza certidumbre a todos los que integran una sociedad y les permite saber que su patrimonio, su libertad y su vida serán respetados. Apostar a que las normas se cumplan es fundamental, pues gracias a ellas la sociedad puede funcionar de manera ordenada y vivir en armonía. Las reglas establecen con claridad el límite entre lo que está permitido y lo que no; además, enmarcan lo que a cada persona le corresponde para alcanzar el buen desenvolvimiento social.

Ese Estado de derecho, óptimo y deseable, es el ejemplo del sistema abierto al que aspiramos, pero nuestra realidad está muy lejos de ese ideal. Uno de los principales problemas que enfrentamos es que la impartición de justicia funciona de manera muy dispareja. Para algunas cuantas personas, o compañías, es eficiente y rápida, mientras que para grandes segmentos de la sociedad es ineficiente, torpe y lenta.

Una economía de mercado requiere de un sistema de justicia eficiente y equitativo para resolver los problemas a los que se puede enfrentar cualquier persona. En este mismo sentido, la convivencia pacífica depende de que las autoridades resuelvan los conflictos sin la necesidad de que las personas tengan que hacerse justicia por propia mano.

En México, el sistema de justicia mantiene enormes deficiencias en su capacidad para resolver conflictos. Esto tiene efectos directos en la economía e impacta en la violencia cotidiana que se vive en diferentes espacios de la sociedad. Decir que se debe aplicar el Estado de derecho es algo hueco para muchos millones de mexicanos, pues el cumplimiento de las normas es imposible, especialmente porque muchas instituciones tienen fallas importantes: "altos costos de acceso, procedimientos largos y poco adaptables a las condiciones de los conflictos, invisibilidad de las personas afectadas y *resoluciones* contenidas en sentencias largas, farragosas e incomprensibles para los interesados, las que con frecuencia resultan inejecutables y que en el fondo no resuelven los conflictos originales, al tiempo que, por lo mismo, generan otros".[27]

Ineficiencia económica

> La justicia lenta e ineficiente crea un entorno de incertidumbre que afecta negativamente las condiciones de crecimiento y bienestar, pues incrementa los llamados costos de transacción, que son aquéllos en que incurren las personas y las empresas para determinar y asegurar el valor de los bienes y servicios que intercambian. En la medida en que un sistema de justicia es capaz de procesar efectivamente los conflictos que se suscitan a diario en la vida social, previniendo y sancionando las conductas ilícitas, reduce estos costos, al tiempo que promueve el crecimiento económico y el desarrollo social en un sentido amplio.[28]

En muchos casos, en México la justicia es inaccesible para resolver problemas básicos. Buscar que el sistema de justicia

---

[27] Centro de Investigación y Docencia Económicas (CIDE), *Justicia cotidiana: Síntesis del informe y recomendaciones en materia de justicia cotidiana, 2015* [en línea], disponible en: <https://www.gob.mx/cms/uploads/attachment/file/90289/Informe_Justicia_Cotidiana_-_CIDE.pdf>, [consulta: 12 de octubre de 2017].

[28] *Ibidem.*

intervenga y ayude a resolver los conflictos es caro y cuesta tiempo. Para los micro y pequeños empresarios, que son los que ofrecen casi 60% del empleo, contratar abogados y contadores simplemente es incosteable. Dado que, por lo general, estos costos no son pagables se generan soluciones por fuera del sistema de justicia, las cuales resultan contraproduscentes porque muchas veces implican sobornos. Todo esto conlleva un grave impacto en el desempeño de la economía en su conjunto.

En México, la gente opina que la ley sólo beneficia a los poderosos o que la justicia sólo sirve para fabricar culpables entre los que menos recursos tienen. Se percibe que la aplicación de las leyes funciona en perjuicio del que no tiene las relaciones adecuadas.

Como se ha dicho hasta el momento, carecer de un Estado de derecho sólido, que garantice que la justicia se aplicará de la misma manera para todos los actores, repercute en contra de la productividad y también del crecimiento económico. La debilidad del sistema de justicia evita que se disipe la incertidumbre implícita en cualquier proceso productivo. No contar con instituciones adecuadas que permitan dirimir eficientemente los conflictos laborales, recuperar préstamos y cobrar deudas, proteger frente a la delincuencia que cobra piso y extorsiona, o sancionar la corrupción de las autoridades, implica que las inversiones se frenen en los más bajos estratos de la economía y se dañe la generación de empleos en éstos, esta situación impacta mucho más a los estratos más altos. En este contexto, se permite que los buscadores de rentas, los oportunistas, los que se brincan las trancas, predominen y perjudiquen a amplios segmentos de la economía.

Violencia

Más allá de las implicaciones económicas, la ausencia institucional puede derivar en violencia. De hecho, ésta prevalece en amplias regiones marginadas del país como consecuencia de una especie de normalización de la falta de instituciones (las cuales deben dar certidumbre a la hora de resolver los problemas comunes). Por ejemplo, en los barrios urbanos, la ausencia de autoridad se cubre por medio de un conjunto de arreglos locales que hacen parecer que las dinámicas de violencia son normales.

Es incorrecto ver a la violencia como resultado exclusivo de las acciones de los cárteles de la droga o del crimen organizado. De hecho, esta actividad delictiva convive y ha echado mano de las pandillas de jóvenes que presentan profunda frustración y enojo. La fenomenología de la violencia, que acompaña a estos grupos, va desde los asaltos y la drogadicción, hasta las riñas callejeras. Este orden impone la forma en que se da la convivencia cotidiana en estos territorios. Es esta violencia la que corroe el tejido social. Ante la ausencia de una autoridad institucional, se genera una autoridad sustituta que dinamita la convivencia social. La pérdida de confianza se traduce en pérdida de los espacios públicos, que son ocupados por el nuevo orden público violento; la colaboración vecinal disminuye, el miedo se apodera de la manera en la que se relacionan los actores en las comunidades, y se genera una preocupante espiral erosiva en la que unos cuantos imponen, por la fuerza, el nuevo orden de convivencia.

La pérdida de empatía social hacia el otro implica que sólo importa la supervivencia de los que están cerca. Es decir, deja de importar la vecina que sufre violencia intrafamiliar;

el vecino del barrio que es golpeado por alguien de la misma cuadra; la estudiante que es asesinada en el campus universitario. La pérdida de capital social se nota en la disminución de la capacidad de las personas y familias para ayudarse y colaborar en sociedad.

En resumen, cuando hablamos de fortalecer el Estado de derecho, tenemos en mente que la sociedad obedezca las normas para garantizar un mejor desarrollo y desenvolvimiento de la primera. Para ello, la legitimidad de las instituciones y su eficacia son dos cosas fundamentales.

Un primer avance hacia un sistema de justicia abierto es el nuevo sistema penal acusatorio, el cual se encuentra en proceso de instrumentación en nuestro país. Lo mencionamos aquí porque es una piedra crucial para construir las propuestas que plantearemos en la siguiente sección.

El nuevo sistema penal acusatorio

El pasado mes de agosto, el Centro de Estudios sobre Impunidad y Justicia de la Universidad de las Américas Puebla (UDLAP) publicó el *Índice Global de Impunidad* (IGI 2017).[29] El análisis que presenta esta universidad señala que México cuenta con dos dimensiones prioritarias que debe atender para combatir la impunidad: la funcionalidad de su sistema de seguridad y la estructura de su sistema de justicia. La entrada en vigor del nuevo sistema de justicia penal puede

---

[29] Juan Antonio Le Clerq y Gerardo Rodríguez Sánchez Lara (comps.), *Dimensiones de la Impunidad Global. Índice Global de Impunidad México 2017 (IGI 2017)* [en línea], Universidad de las Américas Puebla (UDLAP), disponible en: <http://www.udlap.mx/cesij/files/IGI-2017.pdf> [consulta: 12 de octubre de 2017].

crear una percepción equivocada sobre el aumento de la impunidad. Sin embargo, el actual sistema no la generará por sí mismo, sino que la crearán los sistemas de seguridad locales y federales mal preparados y con deficiente funcionamiento, así como un sistema de justicia colapsado y ajeno a la rendición de cuentas.

Entre las principales conclusiones publicadas en el documento en cuestión, destaca que México ocupa el primer lugar en niveles de impunidad en el continente americano, seguido de Perú, Venezuela, Brasil, Colombia, Nicaragua, Paraguay, Honduras y El Salvador. Además, a nivel mundial, ocupa el cuarto lugar de 13 países con muy alta impunidad. También está en el lugar número 66 de 69 países que cuentan con información estadística suficiente para el cálculo del *Índice*.

Se ha dicho que la corrupción, la desigualdad de oportunidades y la inseguridad son las tres barreras que impiden el sano desarrollo de México. El *Índice Global de Impunidad* busca visualizar en términos cuantitativos la forma en que la impunidad incide e incentiva estas tres barreras.

Recientemente, ha habido feroces críticas al nuevo sistema penal acusatorio. En mi opinión, dichas críticas están basadas en la desinformación sobre esta materia, aunada a la falta de liderazgo de los diversos actores políticos para mantener y proteger el proceso de cambio. Parece que el periodo de ocho años que se dio para su implementación, más bien fue utilizado sólo para inaugurar edificios y nuevas salas, en lugar de capacitar a todos los integrantes del sistema: cuerpos policiacos, cuerpos periciales, fiscales y capacidades forenses, escuelas de derecho e, incluso, la propia población en general.

La reforma tiene varios objetivos, pero destaca, sobre todo, la intención de profesionalizar las investigaciones que realiza el Ministerio Público (MP). En el mismo sentido, se busca que las instituciones de procuración e impartición de justicia estén apegadas a los mejores estándares en materia de debido proceso.

Como lo ha señalado Ana Laura Magaloni,[30] la reforma tiene dos grandes objetivos de política pública: el primero es reestablecer el equilibrio en la batalla procesal entre el acusado y el MP; y el segundo es reducir la arbitrariedad con la que los operadores del sistema actúan cotidianamente. Esto implica dar un gran paso hacia la justicia abierta, en la que las cosas se hacen a la luz del día y sin comportamientos arbitrarios ni autoritarios.

El nuevo sistema busca generar incentivos institucionales claros que conduzcan a que cada quien haga bien su trabajo. Que el MP haga la investigación y arme el caso de manera escrupulosa y con la seriedad requerida. La figura del juez de control, introducida en la reforma, y cuya tarea es supervisar que el MP y la policía judicial actúen dentro del marco de la ley, evitará que prevalezcan las detenciones arbitrarias que han caracterizado a nuestro sistema de procuración de justicia durante décadas. De la misma forma, busca garantizar que las pruebas recabadas estén escrupulosamente presentadas porque, de lo contrario, no podrán formar parte del juicio.

---

[30] Ana Laura Magaloni, "A, B, C de la Reforma" [en línea], en *Reforma*, 5 de enero de 2008, disponible en: <https://reforma.vlex.com.mx/vid/ana-laura-magaloni-b-c-reforma-202061503> [consulta: 21 de septiembre de 2017].

El propósito del nuevo sistema penal acusatorio es eliminar todo valor probatorio a las pruebas y actuaciones del MP realizadas durante la fase de investigación, y lo instiga a presentar las pruebas durante una audiencia oral. De esta forma, libera al probable responsable, o incluso a los testigos, del *secuestro* en que los mantenía en el modelo anterior. La audiencia pública y oral se realizará frente al juez, al acusado, a su abogado y a todo aquél que quiera asistir a la audiencia. Por lo tanto, la defensa de la tesis que presente el MP deberá ser pública, por ende tiene que estar bien armada y ser entendida a cabalidad por quien la realice.

La reforma busca disminuir los altos niveles de arbitrariedad que han caracterizado al sistema penal. Especialmente en la fase de investigación, se acota el marco normativo de actuación del MP y de la policía judicial. Así, tanto las pruebas recabadas como las detenciones sólo podrán prosperar si se apegan al marco normativo. Como lo ha señalado el ministro Arturo Zaldívar:

> El nuevo sistema de justicia penal busca generar un cambio cultural en la manera como nos aproximamos a la justicia penal. Bajo el nuevo paradigma, es necesario que los jueces realicen, en cada caso, una motivación individualizada de las razones que justifican la prisión preventiva, tomando en cuenta los datos concretos que demuestren su necesidad. Los jueces del nuevo sistema ya no operan sobre la base de criterios tajantes establecidos en la ley; los jueces del nuevo sistema valoran las pruebas, ponderan, perciben matices y hacen distinciones.[31]

---

[31] Arturo Zaldívar, "Prisión preventiva: condena sin sentencia" [en línea], en *Milenio*, 11 de julio 2017, disponible en: <http://www.milenio.com/

¿Cómo garantizar que la ley se aplique igual para todos?

En el contexto de este nuevo sistema penal acusatorio, a continuación se proponen cuatro acciones institucionales sustantivas que permitirán un cambio radical en la forma en que funciona la justicia en nuestro país. Se trata de pasar de una justicia cerrada y excluyente, a una abierta, humana y verdaderamente democrática.

Las propuestas que aquí se presentan, han sido parte de una profunda discusión.[32] La primera de ellas es la creación de un instrumento de protección de derechos conocido como Acción de Protección Efectiva de Derechos. La segunda consiste en la conformación de una Defensoría del Pueblo. Éstos dos instrumentos son fundamentales para garantizar que la ley se aplique de igual forma para todos los ciudadanos, sin distingos, poniendo énfasis en el acceso a la justicia formal para todos aquéllos que hoy gozan de ella dada su marginación y vulnerabilidad económica. Estos instrumentos van mucho más allá del ámbito penal y tienen repercusiones en la solución de conflictos en las relaciones

firmas/arturo_zaldivar/prision-preventiva-condena-sentencia-milenio_18_991280871.html> [consulta: 21 de septiembre de 2017].

[32] Los presentes textos tienen como base las Exposiciones de Motivos de las iniciativas presentadas por Ana Laura Magaloni Kerpel, Jesús Ortega Martínez y Armando Ríos Piter, como diputados a la Asamblea Constituyente de la Ciudad de México, en materias de Fiscalía General de Justicia de la Ciudad de México, Defensoría de la Ciudad de México, Acción Judicial en la Ciudad de México y Poder Judicial de la Ciudad de México. Ana Laura Magaloni Kerpel *et al.*, *Iniciativa por la que se modifican los artículos 19, 40, 41, 42, 46 y 50 del proyecto de Constitución Política de la Ciudad de México* [en línea], México, Asamblea Constituyente, 2016, disponible en: <http://gaceta.diputados.gob.mx/ACCM/GP/20161103-VII.pdf> y <http://gaceta.diputados.gob.mx/ACCM/GP/20161103-VIII.pdf> [consulta: 23 de octubre de 2017].

interpersonales, y entre las instituciones y los integrantes de la sociedad.

La tercera propuesta es la creación de una Fiscalía General de la República que sea realmente autónoma y que deje de lado criterios autoritarios para decidir a quién se castiga y a quién no. Por último, nuestra cuarta propuesta consiste en lograr una verdadera independencia y neutralidad del Consejo de la Judicatura, órgano del Poder Judicial encargado de la designación de jueces y magistrados, para que sean promovidas aquellas personas que destaquen por su experiencia, capacidad y trabajo, en lugar de los que tengan buenas relaciones. Todas estas ideas tienen su origen en el cambio propuesto para la organización del sistema de procuración e impartición de justicia de la Ciudad de México,[33] y que constituye nuestra versión más adelantada del modelo de justicia abierta.

Acción de protección efectiva de derechos

Ante la inexistencia de recursos judiciales sencillos y accesibles para reclamar servicios básicos como el abastecimiento de agua, el alumbrado público, la recolección de basura, los servicios de salud, la infraestructura en el sector educativo o

---

[33] En el momento en que se escribe el presente texto, la Suprema Corte de Justicia de la Nación revisa diversas impugnaciones presentadas en contra del texto final de la Constitución de la Ciudad de México. Entre otras, la Procuraduría General de la República interpuso los recursos de inconstitucionalidad. En mi opinión, dichas impugnaciones obedecen a la actitud reaccionaria de un sistema político que se niega a cambiar y a modernizarse. En todo caso, esta reacción confirma que las propuestas van en el camino correcto, buscan la evolución de un régimen anacrónico, basado en reglas y procedimientos que ya no garantizan certidumbre a la sociedad mexicana, sino sólo a unos cuantos.

el acceso a programas sociales, entre otros, los ciudadanos recurren a la única protección disponible y accesible en la ciudad: los liderazgos clientelares. Por décadas, estos grupos de poder han condicionado la entrega, existencia o abastecimiento de bienes y servicios básicos a cambio de apoyos y votos.[34]

Ante tal situación, ha sido necesario buscar en la experiencia internacional qué mecanismos judiciales han sido efectivos para desmantelar las estructuras de poder que obstaculizan el ejercicio pleno de los derechos de los ciudadanos. Y, sin lugar a dudas, el mejor ejemplo de un recurso judicial efectivo lo encontramos en la acción de tutela de Colombia. Esta figura está consagrada en la Constitución colombiana de 1991 y es uno de los dispositivos jurídicos más revolucionarios dentro la trayectoria del constitucionalismo latinoamericano.

Al igual que en México, el formalismo jurídico tradicional y reaccionario en Colombia socavó cualquier intento de reconocimiento de instrumentos procesales autónomos, específicos y directos de protección de los derechos constitucionales. Ante tal escenario, surgió una acción judicial que pretende hacer exigibles y justiciables los derechos fundamentales. Por ello, buscamos replicar, a nivel nacional, la sencillez y eficacia en el diseño de la figura colombiana, para otorgar a los ciudadanos un mecanismo de fácil uso que les permita exigir, por sí mismos, el acceso a los bienes y programas que el gobierno se encuentra obligado a proporcionar. En ese sentido, se proponen las *acciones de protección efectiva de derechos* como recursos judiciales que obligan a los

---

[34] Ana Laura Magaloni Kerpel *et al.*, *Iniciativa por la que se modifica..., op. cit.*

gobiernos a proveer servicios públicos de calidad de manera inmediata e inapelable.

Los elementos esenciales de esta propuesta son los siguientes:

- *Cualquier persona puede utilizarla.* La acción de protección efectiva de derechos podrá ser puesta en operación por cualquier persona, por medio de un procedimiento simple y rápido, para hacer valer su derecho de disponer de bienes, servicios e infraestructura públicos de calidad, así como el acceso a programas sociales. Habrá un juez designado específicamente para este propósito.
- *Inmediata aplicación.* A las sentencias a favor de los ciudadanos se dará inmediato cumplimiento y se sancionará a las autoridades que no las cumplan. Cualquier sentencia referente a esta acción deberá ser emitida en un plazo no superior a 10 días hábiles.
- *Participación del Poder Judicial.* El Poder Judicial participará en este proceso a través de juzgados especializados, cuyas resoluciones favorables deberán ser cumplidas de inmediato.

Independientemente del rediseño institucional que es fundamental, es importante considerar el número de jueces que hoy en día existen dentro del sistema de justicia. El *Índice Global de Impunidad* de la Universidad de las Américas Puebla señala la necesidad que tiene México de contar con más jueces dentro del sistema de justicia. El país sólo tiene 4.2 jueces por cada 100 mil habitantes, cifra muy por debajo del promedio global. Croacia, país con el índice más bajo de impunidad, tiene 45 jueces por cada cien mil habitantes. Por otro lado, entre otras consecuencias, tenemos que casi la mitad de la población detenida en México no ha recibido sentencia (43%).[35]

Defensoría Pública o Defensoría del Pueblo

Durante la elaboración de la Constitución de la Ciudad de México se inició una seria discusión sobre el papel que debe tener la Comisión de Derechos Humanos, creemos que también es urgente llevar a cabo este debate en el plano nacional. Las Comisiones, en la Ciudad y en el país, deberían servir para garantizar el acceso real y efectivo a un tribunal a las personas más vulnerables.[36]

A eso correspondía la propuesta del cambio de nomenclatura de la Comisión de Derechos Humanos por el de Defensoría Pública o Defensoría del Pueblo, que fue presentada frente al proyecto de Constitución. El cambio de nombre no sólo implicaba un cambio simbólico, sino que se buscó plantear una transformación de raíz de las facultades y atribuciones de dicha institución.

Una sociedad de derechos crea instituciones adecuadas para que todos puedan reclamar ante un tribunal que algún derecho humano ha sido violentado. En México, a diferencia de lo que ha ocurrido en la inmensa mayoría de los países de América Latina, no hemos creado aún defensorías

---

[35] Juan Antonio Le Clerq y Gerardo Rodriguez Sánchez Lara (comps.), *Dimenciones de la Impunidad...*, *op. cit.*

[36] Ana Laura Magaloni Kerpel *et al.*, *Iniciativa por la que se modifican...*, *op. cit.*

públicas potentes ni sistemas gratuitos y eficaces de asesoría jurídica. Éstas son unas de las causas por las que en nuestro país la impartición de justicia es exclusiva para las personas que cuentan con recursos, en lugar de ser para todos los habitantes del país. Hacia allá es a donde debe apuntar el diseño constitucional de esta nueva institución, que tome como base la actual estructura de la Comisión de Derechos Humanos, tanto a nivel nacional como en las entidades federativas.

No podemos postergar más la creación de defensorías públicas. Trasladar esta función a la Comisión de Derechos Humanos requiere configurar una estructura funcional, útil, y viable.

Las atribuciones de la defensoría pública, su naturaleza y facultades deben implicar organismos públicos que amplíen el acceso a la justicia de los mexicanos, especialmente en dos ámbitos: casos penales y violación de derechos humanos.

El objetivo central de la propuesta es lograr que la principal tarea de estos organismos sea garantizar el acceso a la justicia de quienes no cuentan con los recursos para contratar un abogado y que no sólo declaren violaciones de los derechos humanos. Las defensorías deben tener como propósito fundacional democratizar el acceso a la justicia para los habitantes en todo el país.

Facultades de la Defensoría del Pueblo

La evolución de una Comisión de Derechos Humanos a una Defensoría del Pueblo implica una transformación profunda de esta institución. La Defensoría contará con al menos dos áreas de atención: defensa de derechos humanos, a través de visitadurías especializadas que consideren las situaciones específicas, presentes y emergentes de los derechos humanos; y una defensoría pública.

Sus atribuciones y obligaciones serán: promover el respeto a los derechos humanos de toda persona; representar a la ciudadanía en el procedimiento penal, previa solicitud (ya sea en calidad de víctima, presunto responsable o persona privada de la libertad). Asimismo, previa solicitud ciudadana, la defensoría ofrecerá servicios de representación para las causas civiles, administrativas y ante toda clase de procedimientos disciplinarios, y dará seguimiento a las quejas contra los integrantes del Poder Judicial local. Así, las facultades de esta nueva institución serían las siguientes:

- *Defensa.* La Defensoría del Pueblo se configurará como el organismo encargado de la defensa, protección y promoción de los derechos humanos que ampara el orden jurídico mexicano. Conocerá de las quejas por violaciones a derechos humanos causadas por entes públicos locales o privados, e iniciará la defensa de las víctimas a través de los recursos jurisdiccionales adecuados para cada caso.
- *Representación.* Se encargará de representar, asistir y acompañar a las víctimas de violaciones a derechos humanos ante las autoridades correspondientes.
- *Difusión.* Diseñará campañas permanentes de comunicación para visibilizar la situación de los derechos humanos.
- *Investigación.* Podrá investigar, de oficio o a petición de parte, cualquier hecho o queja que conduzca al

esclarecimiento de presuntas violaciones a los derechos humanos.
- *Recomendación.* Entre las acciones que podrá ejecutar también está formular recomendaciones públicas y denuncias ante las autoridades respectivas por las violaciones a los derechos.
- *Declaratoria.* Entre sus facultades también estará emitir declaratoria sobre casos específicos de violaciones a los derechos humanos.
- *Restitución.* Promoverá ante las autoridades el juicio de restitución obligatoria de derechos humanos y propiciará procesos de justicia restaurativa para prevenir las posibles violaciones de éstos.

Además, el diseño institucional propuesto procurará favorecer la proximidad de sus servicios, promover la educación en derechos humanos, propiciar acciones preventivas y dar seguimiento al cumplimiento de sus recomendaciones.

Fiscalía General de la República

La discusión sobre la fiscalía va mucho más allá de la simple transformación de la actual institución encargada de procurar justicia en el país, y tiene mayores implicaciones que darle autonomía y separarla del Poder Ejecutivo. Como hemos explicado antes, la transición democrática mexicana ha implicado que el presidente haya perdido, de forma paulatina, parte de sus facultades constitucionales y metaconstitucionales. Si anteriormente pudo convocar y organizar las elecciones, al llegar el Instituto Federal Electoral perdió esta importante fortaleza; si antes pudo controlar la oferta monetaria, perdió esta capacidad cuando se le dio autonomía constitucional al Banco de México. Así, estos dos casos ejemplifican la forma en que el presidencialismo perdió muchas de sus facultades, las cuales fueron entregadas a organismos autónomos o a la propia dinámica democratizadora que se instauró cuando pasamos de un partido hegemónico a un sistema plural de competencia política.

Tal vez, uno de los últimos resquicios de ese sistema presidencialista sea la Procuraduría General de la República (PGR); entidad encargada de procurar justicia en condiciones muy peculiares. La procuración de justicia en nuestro país ha sido una forma particular de ejercicio del poder.

La aplicación selectiva de la política en materia criminal y de las penas ha tenido que ver más con los intereses políticos de las élites en turno alrededor de la figura presidencial. Así, la Procuraduría se convirtió en un instrumento de control político y de negociación. La impunidad frente a cualquier tipo de delitos (en especial, la corrupción a lo largo de décadas) formaba parte de uno de los ejes centrales de la gobernabilidad, donde las élites siempre tuvieron la certeza de que las acciones ilícitas no serían castigadas, en tanto el presidente de la república no lo decidiera expresamente. La corrupción fue permitida, e incluso promovida, como parte del esquema de complicidades que garantizó la estabilidad del régimen.

El procurador general de la república se mantuvo como una figura de administración de este pacto en beneficio del presidente en turno. Como ya se mencionó, salvo que el presidente lo ordenara, la élite tenía garantizado que no habría consecuencias penales derivadas de sus actos. Por ello, la cooperación y la lealtad al régimen, representado en el presidente, se mantuvo gracias a la certidumbre forjada alrededor de la forma en que se procuraba la justicia. Los actos de corrupción, entre otros delitos, no se sansionaban, siempre y cuando, el infractor no fuera detractor del régimen. Así, la aplicación de los castigos penales funcionó de manera selectiva en función de los intereses del presidente en turno.

Sin embargo, dicho modelo de gobernabilidad, además de ser indeseable por sus efectos perversos en la sociedad, ha dejado de funcionar políticamente, se ha vuelto por completo insuficiente e ineficiente. El fin de un partido hegemónico y la pluralidad partidista ya no permiten la aplicación selectiva de las sanciones penales. Y con ello, se ha cedido espacio a la desconcentración progresiva del poder. Además, la actividad delictiva en un país con 120 millones de habitantes se ha vuelto cada vez más compleja y preocupante.

¿Qué es lo que necesitamos hoy? La transición de la PGR a la Fiscalía General de la República representa la oportunidad para construir todo un nuevo modelo de gobernabilidad desde la raíz. No se trata sólo de modernizar una institución, sino de entender que los principios y base institucional que le dieron lógica al actuar de la PGR tienen que cambiar. Hoy se requiere una Fiscalía General que castigue a todo aquél que infrinja la ley. Requerimos una institución que actúe sin criterios políticos para investigar o para definir a quién se debe proteger. A diferencia del modelo anterior, donde la gobernabilidad dependía de la estabilidad de la élite en el poder, con el presidente como figura central, hoy deberá depender de la aplicación de la ley a las personas sin distingos de ningún tipo. Esto significa contar con instituciones que garanticen igual trato a todos los individuos con respecto al marco normativo, a la vez que brinden certeza de que la ley no se negociará en beneficio de unos cuantos, ya sea por posición de poder o capacidad económica, como ha ocurrido hasta la fecha.

Éste fue el planteamiento base que hicimos recientemente en la discusión sobre la Constitución de la Ciudad de México para configurar una Fiscalía Autónoma a nivel local. Esa misma visión es la que hoy requerimos para la república entera.

Con el ánimo de ampliar y precisar los argumentos a favor de esta posición, a continuación, transcribo el siguiente fragmento:

> La investigación y persecución de los delitos en el país enfrenta los retos más complejos. Por muchos años, el Ministerio Público se caracterizó por ser una institución con una evidente incapacidad para generar nuevas respuestas acordes con los cambios en el contexto político y criminal del país. En cambio, sus burocracias fueron desarrollando rutinas de trabajo e ideologías institucionales muy difíciles de modificar.
>
> Sin duda, la transición hacia un sistema de justicia acusatorio ha implicado transformaciones positivas en la institución. Sin embargo, también ha puesto en evidencia que, mientras las agencias del Ministerio Público no cuenten con autonomía respecto del Poder Ejecutivo, será complicado implementar políticas eficaces en términos de estrategias para combatir el crimen, la corrupción y la percepción de que la procuración de justicia está al servicio sólo de quienes pueden pagarla.

Otorgarle autonomía a la Fiscalía es el camino correcto. Sin embargo, no será suficiente para garantizar la calidad de la procuración de justicia. Es necesario regular también su arquitectura institucional, el modelo de gestión, la política criminal, los mecanismos de control, los recursos humanos y las prácticas institucionales, entre otros aspectos. Para ello, debemos entender cuáles son los retos que enfrentamos actualmente en las procuradurías de todo el país para que la procuración de justicia realmente cumpla con sus objetivos de esclarecer los hechos relacionados con los delitos: no acusar a los inocentes; lograr que los culpables no queden impunes; que se proteja a las víctimas y que los daños causados por el delito se reparen. Entre estos retos sobresalen los siguientes:

1. No existe una política criminal, por lo que no se ordena eficientemente el uso de recursos y no se priorizan los delitos de mayor impacto;
2. La calidad de las investigaciones sobre delitos es muy mala, por lo que sólo se resuelven los casos que inician por detenciones en flagrancia o con imputado conocido y el resto queda impune;
3. Hay inercias institucionales que perpetúan prácticas nocivas del viejo sistema de justicia penal, desde las violaciones de derechos humanos de los imputados, hasta la filtración de información a los medios de comunicación;
4. Los recursos humanos no están capacitados para llevar a cabo investigaciones y para litigar de acuerdo con los estándares del nuevo sistema de justicia;
5. La atención a víctimas y testigos es lenta, tortuosa y poco humana;

6. Es enorme la cifra negra de delitos no denunciados; y
7. El ministerio público actúa alejado de la sociedad, no hay rendición de cuentas y atender la percepción ciudadana de inseguridad no forma parte de sus objetivos institucionales.

Por ello, es necesario tomar dos acciones indispensables en el momento de la fundación de la nueva Fiscalía, por un lado, definir los temas que deberán incluirse en la ley orgánica para instaurar buenas prácticas en su interior. Y, por otro lado, comenzar desde cero, sin heredar al personal ni la estructura organizacional de la Procuraduría actual.[37]

En la discusión sobre la Fiscalía de la Ciudad de México se introdujo un catálogo de acciones que permiten una sana transformación de dicha institución. A partir de esta experiencia, enseguida se presenta un mapa de ruta para la transformación de la Procuraduría en la Fiscalía General de la República.

- *Política criminal.* La persecución criminal tiene limitaciones, especialmente, si se considera que los recursos humanos y materiales son escasos; por ello, es indispensable definir prioridades. Cualquier estrategia que busque abatir la impunidad tiene que dejar muy claro frente a la sociedad cuáles serán las conductas delictivas que serán sancionadas. Para luchar contra la impunidad debemos identificar, con toda transparencia y de la mano con la sociedad mexicana, las denuncias que se deberán sancionar sin ningún tipo

[37] *Ibidem.*

de excepción (por ejemplo, es necesario que haya un amplio acuerdo sobre que siempre se castigarán el homicidio o la corrupción en momentos como los que se viven en México). Este ejercicio debe ser serio y sin demagogia. Construir un sistema de procuración e impartición de justicia confiable, implica definir y justificar públicamente los casos a los que el sistema dará prioridad absoluta. Tiene que acabar la percepción colectiva de que la ley es igual para todos y que no existen grupos sociales intocables o que son capaces de negociar la aplicación de la ley.

Establecer una política de persecución criminal permitirá gestionar, de manera estratégica, las obligaciones en materia de investigación de los delitos del fuero común y de aquéllos en los que, por disposición de las leyes generales, existan competencias que sean comunes al gobierno federal, los estados y los municipios, así como de delitos federales cuando lo determine la ley.

La Fiscalía tendrá bajo su mando inmediato a la policía ministerial, y deberá contar con criterios para racionalizar las cargas de trabajo y aplicar dicha política criminal. Es esencial que el Ministerio Público dedique sus recursos de investigación a los casos más relevantes, por ejemplo, feminicidios o ataques a periodistas, y que se usen procedimientos operativos para dar solución temprana y rápida a los casos pequeños. Se tiene que garantizar que las tareas administrativas no sean obstáculos o distracciones que vayan en contra de la investigación y la persecución de los delitos.

Es necesario eliminar la provisión que obliga a la Fiscalía a agotar todas las líneas de investigación solicitadas por la víctima; ya que, para muchos delitos, el agotarlas significa, en el ámbito práctico, que otros delitos no se investiguen, lo cual contradice la existencia de una política criminal, en los términos antes descritos.

El Fiscal General deberá presentar al Congreso un plan de política criminal anual, el primer día del segundo periodo de sesiones. Dicho plan consistirá en un diagnóstico de la criminalidad y la calidad del trabajo del Ministerio Público, criterios sobre los delitos que se atenderán de manera prioritaria y metas de desempeño para el siguiente año.

Se debe establecer la obligación de que exista una política criminal explícita y pública. Una de las principales causas de la falta de efectividad de la procuración de justicia es, justamente, que no existe una política criminal explícita que ordene y racionalice las actividades del Ministerio Público. Es imposible rendir cuentas y hacer evaluaciones cuando no son claros los objetivos institucionales; también es imposible que se haga un uso efectivo de los recursos y que se fijen los incentivos y prioridades de los agentes del MP. Obligar a que la política criminal sea explícita y pública es una forma de forzar a la Fiscalía a tener una planeación adecuada.

- *Investigación.* La Fiscalía deberá dirigir, en forma exclusiva, la investigación de los hechos constitutivos de delito, los que determinen la participación punible y los que acrediten la inocencia del imputado. De igual

manera, le corresponderá adoptar medidas para proteger a las víctimas y a los testigos.
- *Modernización institucional.* Será necesario crear mecanismos institucionales de coordinación para ordenar las diligencias pertinentes y útiles que esclarezcan los hechos que pudieran ser constitutivos de un delito; establecer registros, protocolos y controles de la detención y cadena de custodia; para la utilización de mecanismos alternativos de solución de controversias; para la utilización de criterios de oportunidad y para la utilización de medidas cautelares. El Ministerio Público contará con fiscalías especializadas para la investigación de delitos complejos, mismas que contarán con personal multidisciplinario capacitado específicamente para tal objetivo.
- *Derechos humanos.* También habrá que diseñar los protocolos para la observación estricta de los derechos humanos de todos los sujetos que intervienen en el proceso penal, con especificaciones para asegurar que el Ministerio Público no vulnere los derechos de las personas detenidas con sus actos u omisiones antes de que sean presentadas ante el juez.
- *Transparencia.* Se requiere una unidad interna de estadística y transparencia que garantice la publicación oportuna de información básica. Por ejemplo, sobre la incidencia delictiva, consignaciones, uso de archivo temporal, uso de salidas alternas y uso de criterios de oportunidad.
- *Corrupción.* Será fundamental contar con una unidad interna de combate a la corrupción y a la infiltración de la delincuencia organizada. Y diseñar mecanismos

de participación ciudadana que coadyuven en la supervisión institucional.
- *Coordinación.* Se requiere instituir mecanismos de asistencia con las instituciones de seguridad pública, en las formas y modalidades establecidas, para la colaboración y autorización de sus acciones. El nuevo diseño institucional debe marcar con toda claridad las dinámicas de corresponsabilidad con otras instituciones para que la autonomía no se transforme en aislamiento. La fiscalía debe ser parte activa del sistema de seguridad pública y debe tener relaciones de colaboración con otras instituciones del gobierno. Es importante la regulación de la relación del MP con las policías, para que su colaboración sea efectiva y que no existan rivalidades o desconfianza entre ellos.
- *Servicio profesional de carrera.* Es esencial que exista y que tenga reglas para la selección, ingreso, formación, promoción y permanencia de los agentes del Ministerio Público. La calidad del MP depende de que se seleccionen los mejores recursos humanos y de que se les otorguen incentivos para ascensos cuando hagan las mejores investigaciones.
- *Calidad.* Hay que establecer estándares de calidad y principios para la toma de decisiones estratégicas sobre cómo judicializar y litigar los casos. También es necesario garantizar estándares de calidad para la realización de investigaciones científicas, buscar que los MP sean proactivos cuando dirijan las investigaciones y que, además, no permitan violaciones a los derechos humanos en los procesos. Asimismo, se tienen que mantener estándares para el manejo de evidencias

y el registro de detenidos de forma que no se contamine la investigación, así como reglas para atender a las víctimas y testigos, y para reducir los tiempos de atención a denuncias.
- *Contrainteligencia.* Es central la realización de contrainteligencia al interior de la Fiscalía para detectar infiltraciones de grupos criminales o personas poderosas que corrompan a los agentes del MP, y los induzcan a una conducta incorrecta en la investigación y persecución de los casos.

Alcanzar una Fiscalía realmente autónoma implica su creación desde cero. Es decir, la Fiscalía General de la República no puede estar integrada por el personal ni las estructuras organizacionales y operativas de la Procuraduría General de la República. Para ello, es necesario crear un organismo encargado sólo del proceso de transición de la Procuraduría a la Fiscalía y dotarlo de presupuesto de operación.

El mecanismo para asegurar la calidad y el cambio de prácticas institucionales es que la selección de los nuevos agentes que trabajarán en la Fiscalía se haga mediante concurso abierto. No se cierra la puerta a que los agentes del MP que ya trabajan en la Procuraduría puedan aplicar, pero deberán competir en igualdad de condiciones con el resto de los aspirantes. Es necesario complementar el examen con un curso intensivo previo que les transmitirá las habilidades necesarias para ser agentes del Ministerio Público. Esto nivelará las oportunidades de todos los aspirantes y aumentará la calidad de los seleccionados. El organismo de implementación fijará el currículum y conseguirá los mejores instructores nacionales e internacionales. Los seleccionados deberán tener una lista de habilidades mínimas necesarias para ser buenos agentes del MP.

Se necesitará personal operativo y administrativo que cuente con capacidad y experiencia para ayudar a hacer efectivo el trabajo de la Fiscalía. El proceso para seleccionarlos será paralelo al de los MP, pero en su caso no será necesario un examen de oposición. La Procuraduría seguirá siendo responsable de la función ministerial hasta que entre en funciones la nueva Fiscalía. Los casos de la Procuraduría no serán heredados a la Fiscalía. Esto quiere decir que las dos instituciones coexistirán durante la primera parte de vida de la Fiscalía. La disolución de la Procuraduría será un proceso administrativo que quedará a cargo del Poder Ejecutivo.

En el caso de la discusión en la Ciudad de México, se incorporó un artículo transitorio con la finalidad de permitir la configuración de la nueva institución, como la que se propone a nivel federal, que ocupará el espacio de su Procuraduría General de Justicia.

Consejo de la Judicatura y Poder Judicial

En toda sociedad libre y abierta, la exigibilidad del catálogo de derechos que gozan los ciudadanos y el estado de salud de los valores democráticos dentro de sus instituciones dependen del acceso efectivo a la justicia. Es por ello que, en buena medida, el diseño del Poder Judicial representa el corazón del proyecto de una nueva sociedad que se caracterice por el apego y la igualdad frente a la ley, y por una población próspera y vibrante.[38]

---

[38] *Ibidem.*

Para que ello suceda, el primer paso es identificar cuáles han sido los mayores obstáculos para la impartición de justicia y prever su transición a un nuevo esquema institucional. De entre esos grandes retos sobresalen los siguientes:

- La existencia de redes de corrupción dentro del Poder Judicial que condicionan el sentido de la justicia a la capacidad económica de las partes, desde la obtención de un turno en la Oficialía de Partes hasta el contenido y sentido de las decisiones judiciales;
- Las dificultades y barreras de entrada para que perfiles ajenos a la carrera judicial, en todos los escalafones del Poder Judicial, enriquezcan su funcionamiento y composición ideológica, y
- La inexistencia de recursos judiciales sencillos y accesibles para reclamar servicios básicos, como el abastecimiento de agua, alumbrado público, recolección de basura, servicios de salud, infraestructura en el sector educativo o acceso a programas sociales, entre otros. Ello ocasiona que los liderazgos clientelares obtengan y conserven el poder suficiente para condicionar estos servicios a apoyos y votos. Sobre este último punto ya abundamos en la sección donde describimos la acción de tutela. Ahora nos enfocaremos a los dos primeros.

Reorganización del Poder Judicial

Se propone un rediseño institucional del Poder Judicial que elimine los incentivos perversos que hasta la fecha han predominado. La viabilidad y efectividad del Poder Judicial pasan por un reacomodo y modernización de sus estructuras institucionales, de acuerdo con los siguientes puntos generales:

- *Consejo de la Judicatura.* La administración, vigilancia, evaluación y disciplina del Poder Judicial están a cargo del Consejo de la Judicatura, quien designa también a los jueces, así como a los magistrados. Se propone una nueva conformación y funcionamiento de éste y un nuevo diseño de la carrera judicial. Las modificaciones propuestas para llegar a un sistema abierto tienen dos objetivos primordiales: primero, diseñar una estructura que impida la formación de organizaciones de corrupción al interior de la institución; segundo, que se integre un poder jurisdiccional con diversidad de perfiles que, por un lado, cubra las necesidades de gestión y organización de este Poder y, por el otro, promueva formas novedosas de entender el derecho, las leyes y sus efectos. Las faltas administrativas de los integrantes del Poder Judicial serán investigadas, sustanciadas y resueltas. Se considerarán faltas graves, los delitos de cohecho, peculado, enriquecimiento ilícito, denegación de justicia y prevaricación.
- *La carrera judicial.* El ingreso, formación, permanencia y especialización de la carrera judicial se basarán en los resultados del desempeño y en el reconocimiento de méritos. Se regirá por los principios de excelencia, objetividad, imparcialidad, honradez, profesionalismo e independencia. El ingreso se hará mediante concursos públicos de oposición y la permanencia estará sujeta a la evaluación y vigilancia en

los términos que establezca la ley. Asimismo, se implementará un sistema de carrera para el personal de la rama administrativa, conforme a los acuerdos que emita el Consejo. El ingreso de los jueces al Poder Judicial se sujetará a las siguientes bases: el Consejo de la Judicatura se encargará de la elaboración de los exámenes de oposición de ingreso y solicitará, de manera obligatoria, una opinión vinculante de un consejo judicial ciudadano.

- *Consejo judicial ciudadano.* Se propone que se configure como un contrapeso eficaz ante la formación de estructuras de poder perversas dentro del Poder Judicial y, al mismo tiempo, que juegue un papel crucial en la selección de juzgadores que promuevan los valores democráticos. El Congreso de la Unión será quien integre un consejo judicial ciudadano integrado por ciudadanos. Estas personas serán propuestas por organizaciones académicas, civiles y sociales, y deberán contar con fama pública de probidad, independencia, solvencia democrática y con experiencia probada en temas jurídicos o de gestión administrativa. El consejo ciudadano podrá proponer, para la aprobación por mayoría calificada del Senado, a las personas que integrarán el Consejo de la Judicatura del Poder Judicial, a quienes se harán cargo de las magistraturas, y al titular de la Fiscalía General. Además, diseñará, elaborará, aplicará y calificará los procesos de selección mediante concursos de oposición abiertos.

- *Centro de justicia alternativa y conciliación.* Un sistema integral y abierto de justicia como el que proponemos privilegiará los medios alternativos de solución de conflictos, para facilitar los mecanismos de solución de controversias civiles, mercantiles, familiares y penales, y poder desahogar la carga litigiosa de los tribunales. Para garantizar el acceso a estos medios se establecerá el Centro de Justicia Alternativa y Conciliación, el cual se propone como un órgano del Poder Judicial con plena autonomía técnica, operativa, presupuestaria y de decisión. Su titular será nombrado por el consejo judicial ciudadano, de conformidad con lo previsto por la ley orgánica y durará seis años en su cargo, con posibilidad de reelección por una sola vez.

- *Organismo desconcentrado de servicios periciales y forenses.* La ley correspondiente establecerá un organismo, dotado de independencia técnica y presupuestal en materia de servicios periciales y forenses, que garantice la objetividad e imparcialidad de los dictámenes que emita, de conformidad con las leyes y los estándares internacionales en la materia.
- *Acción de protección efectiva de derechos.* Este mecanismos de exigencia y justicia buscará remediar la ausencia de canales efectivos para acceder a servicios públicos básicos. Esta acción fue abordada con mayor detalle en un apartado previo.

Acciones inmediatas para desmantelar las tres barreras del país

Construir un sistema de justicia abierto, en los términos descritos hasta aquí, es fundamental para garantizar el crecimiento y desarrollo armónico de nuestra sociedad, pero muchas de las acciones descritas conllevan un proceso de mediano o largo plazos para garantizar su consolidación.

Ya hemos dicho con toda claridad que las tres principales barreras que hoy afectan el desempeño de nuestro país, y que impiden el sano desenvolvimiento de la sociedad, son la corrupción, la inseguridad y la desigualdad de oportunidades. Y en el ánimo de completar una propuesta de política pública que atienda necesidades y demandas inmediatas de la población mexicana se deben realizar las acciones siguientes para desmantelar inmediatamente las tres grandes barreras que nos detienen.

Acciones en materia de corrupción

- *Campaña electoral con un costo mínimo.* Hacer una campaña austera para ganar sin deberle nada a nadie. Mucha corrupción se gesta cuando pides prestado para ganar la elección y luego tienes que pagar con contratos y permisos.
- *Equipo de trabajo.* Escoger como colaboradores a un grupo ejemplar y honesto de mexicanos y exigir que los cuadros directivos del gobierno sean ocupados por personas íntegras.
- *Reducir financiamiento.* Reformar el sistema de financiamiento de campañas políticas y reducir su costo para que, quien gane, llegue sin deudas ni compromisos de por medio.
- *Modificaciones al congreso nacional y estatales.* Revisar y reforzar todos los mecanismos de vigilancia de los congresos para que reasuman su función primordial de vigilar el ejercicio del gasto público.

- *Contrataciones de gobierno.* Reformar el sistema de adquisiciones y obra pública gubernamental: implementar protocolos de transparencia completa de proveedores, contratistas y mecanismos de subastas en reversa.
- *Supervisión ciudadana.* Fomentar, por medio de las escuelas de ingeniería y arquitectura del país, observatorios universitarios de ejecución de obra pública, para garantizar que la calidad y precio guarden relación con el contrato original y prevenir modificaciones que eleven el costo.

Acciones en materia de inseguridad

- *Política en materia de drogas.* El fenómeno de inseguridad que vive el país tiene distintas causas. Sin embargo, una de las principales vertientes, en especial en lo que corresponde a la presencia del crimen organizado, tiene que ver con los cuantiosos recursos que provienen del narcotráfico. Para lograr soluciones de fondo en esta materia, entre otras acciones estructurales, se requiere de una nueva política en materia de drogas, por lo que es importante aprobar el uso lúdico de la marihuana y el uso medicinal de la amapola.
- *No más cobro de piso.* La extorsión presencial –también llamada *cobro de piso*– (distinta a la extorsión telefónica) es uno de los delitos que ahora supone el desafío más severo para la seguridad, ya que permite a las organizaciones criminales instalarse y mantener una presencia en sectores donde de otra manera no

tendría racionalidad económica su presencia (fuera de centros urbanos importantes y rutas de trasiego de droga). Este tipo de extorsión afecta potencialmente a todos los sectores de la economía y niveles sociales, pero supone un riesgo de primer orden para los productores agrícolas y para el turismo. Por último, el cobro de cuota propicia, más que ninguna otra actividad, la cooptación de autoridades locales por parte del crimen organizado.

El cobro de cuota genera un alto volumen de violencia y tiene un impacto desastroso sobre la actividad económica. Sin embargo, a la fecha ninguna autoridad mexicana ha desarrollado un modelo convincente para combatirlo de forma eficaz (en contraste con el caso del secuestro y la extorsión telefónica).

La experiencia internacional sugiere que es posible limitar la presencia y el poder de los grupos dedicados al cobro de cuota. Sin embargo, lograrlo implica desarrollar modelos de investigación *ad hoc* (en particular, contar con inteligencia sobre organizaciones y células delictivas mucho más atomizadas que las grandes organizaciones dedicadas al tráfico trasnacional de drogas).

- *No más robo en transporte público.* Este ilícito afecta a sectores amplios de la población y es uno de los reclamos más recurrentes que enfrentetan las autoridades locales. Puede combatirse de forma eficaz por medio de medidas de prevención situacional y tecnología (modificar rutas, instalar cámaras o, incluso, hacer inversiones modestas en infraestructura). Lo anterior implica que se puedan generar casos de éxito en el corto plazo, por ejemplo, eliminar los robos en determinadas rutas de transporte.

Es necesario contar con capacidades analíticas y técnicas que por lo general rebasan aquéllas disponibles en el ámbito local. Por lo tanto, se justifica que el Gobierno Federal intervenga como impulsor de una estrategia nacional de combate a dicho ilícito.

- *No más desaparición ni explotación de mujeres.* En medios de comunicación, cada vez es más recurrente que se reporten casos de desapariciones de mujeres, las cuales, por su perfil, muy probablemente resulten en casos de trata con fines de explotación sexual. En la agenda pública, este problema tiene un peso equiparable al que tuvo el secuestro con fines de extorsión a principios de la década del 2000. La correcta atención de esta modalidad de trata requiere ampliar las capacidades disponibles para la investigación en un contexto en el que los familiares de la víctima cuentan con información muy limitada sobre su posible paradero. En particular, es necesario generar inteligencia por medio de operaciones encubiertas para identificar los lugares de explotación sexual de las víctimas, reconstruir las redes de trata y desarticularlas rápidamente.
- *No más colusión policial.* La colusión del crimen organizado con las corporaciones policiales y otras autoridades locales es un fenómeno bien conocido en amplias regiones del país, e incluso de forma creciente en el ámbito urbano (como quedó de manifiesto hace poco en Tláhuac, en la Ciudad de México). Sin embargo, este fenómeno se solapa, pues combatirlo supone un costo político elevado y no existe ninguna agencia

que tenga un mandato claro para hacerlo desde la Federación.

El fenómeno permanecerá de forma inercial hasta que un liderazgo político nacional tome la iniciativa, cosa que nosotros queremos hacer. En particular, es necesario plantear una iniciativa de reforma al Sistema Nacional de Seguridad Pública más ambiciosa que las que se presentaron en materia de mando mixto. Ésta tiene que establecer facultades y responsabilidades claras para la intervención de cualquier corporación policial que no alcance estándares mínimos de desempeño y de confianza ciudadana. Posteriormente, será necesario destinar recursos a la investigación sistemática y a la intervención de las corporaciones policiales en un número importante de municipios.

- *No más asesinatos de periodistas.* De acuerdo con cifras de la Federación Internacional de Periodistas, durante 2016, México se colocó como el primer país de América Latina con ataques a periodistas y el tercero a nivel mundial después de Irak y Afganistán. El asesinato de periodistas golpea directamente en uno de los pilares de la democracia, porque la prensa es fundamental para dotar de transparencia al sistema y permitir el involucramiento ciudadano en la vida pública. Para el sano desarrollo de la vida democrática, en nuestro país es fundamental promover un entorno propicio y seguro en el que los periodistas puedan realizar su labor de manera independiente y sin interferencias. Por ello, deben generarse protocolos específicos de protección para este gremio, así como garantía de que en ningún caso habrá impunidad frente a estos hechos. Dentro de las reformas que proponemos, y como parte de nuestra política criminal, está el diseño de cuerpos policiacos de élite para la reacción inmediata, investigación y sanción de este tipo de crímenes de alto impacto.

Acciones en materia de desigualdad de oportunidades

- *Padrón único de beneficiarios.* El combate efectivo a la pobreza requiere coordinar el gasto social de municipios, estados y federación mediante un sistema nacional de programas sociales que asigne los recursos mediante un padrón único de beneficiarios. Todo programa social debe regirse por las reglas de asignación de este sistema para evitar su ineficiencia y uso clientelar.
- *Alineación de programas.* Debe reformarse la Ley General de Desarrollo Social para crear una institución que garantice el alineamiento de los programas sociales en términos de objetivos, poblaciones objetivos e instrumentos mediante información unificada de potenciales beneficiarios y la obligación de los programas vigentes de ceñirse a sus criterios de asignación.
- *Seguridad social.* La igualdad de oportunidades requiere un sistema unificado de seguridad social universal que proporcione la misma base de atención a la salud, a los riesgos de trabajo y al retiro laboral. Este sistema debe financiarse con impuestos y no con contribuciones de empresas y trabajadores, lo que requiere una reforma fiscal de largo alcance.

La seguridad social formal del tipo proporcionado por el Instituto Mexicano del Seguro Social (IMSS) y el Seguro Popular deben ir convergiendo a iguales derechos y uso de recursos. Su financiamiento debe considerar nuevas cargas fiscales, sin descartar bienes actualmente exentos ni la elevación de gravámenes a la propiedad, como el impuesto predial y otros activos.

- *Educación.* Una educación de calidad para todos requiere un gasto relativamente mayor para los niveles, las regiones y los grupos sociales que presentan un mayor rezago educativo. Esto debe traducirse en incentivos y reglas para asignar mayor capital humano y físico a las zonas de menor desempeño en los instrumentos de evaluación.

  No basta elevar el desempeño de directivos, maestros y alumnos de forma general. Se requiere que el progreso sea mayor en las áreas de mayor rezago educativo. La carrera magisterial debe recibir más incentivos para que el mejor desempeño docente ocurra en las zonas con mayores desventajas. El modelo educativo debe priorizar el aprendizaje que involucre a México directamente con los requerimientos que hoy plantea la cuarta revolución industrial en materia de ciencia y tecnología.

- *Tecnología.* Invertir de manera prioritaria en todos los instrumentos tecnológicos que permitan una mayor convergencia de oportunidades. Debe tenerse en cuenta que el cambio tecnológico y la globalización hacen cada vez más complicado que las ganancias derivadas de la innovación, el comercio internacional y la movilidad de capitales se distribuyan con igualdad.

La eficiencia económica derivada de estas fuerzas productivas debe impulsarse, pero sus frutos también deben redistribuirse.
- *Renta básica universal (RBU).* Otra base sobre la cual construir la igualdad de oportunidades es la renta básica universal: un monto de ingreso mínimo garantizado e idéntico para todos. Esto permitiría redistribuir las ganancias del progreso económico desigual con la menor intrusión sobre la eficiencia económica y con el mayor sentido de justicia. Los retos financieros que implica la RBU son extraordinarios, pero no deben ser evitados, sino enfrentados con anticipación. Una economía con menos pobreza, más saludable y educada, y con mayores oportunidades de empleo podrá, en el mediano plazo, preparar el terreno para una todavía mayor igualdad de oportunidades.

El camino hacia un México abierto, donde exista justicia para todos, en el sentido más amplio de la palabra, y donde finalmente hayamos destruido los obstáculos de corrupción, inseguridad y desigualdad que hoy nos mantienen dentro de un socavón histórico, requiere de acciones simbólicas que marquen un nuevo comienzo.

Quienes colaboramos en este proyecto compartimos la convicción de que este proceso electoral federal 2017-2018 es la oportunidad para transitar hacia formas radicalmente distintas de hacer las cosas. Esto va a requerir del esfuerzo colectivo. Debe ser claro, a estas alturas, que el sistema del que la gran mayoría estamos hartos tiene que ser remplazado por otro en donde cada parte se haga cargo de lo que le toca. No puede ser que dejemos en manos de un solo hombre o una sola mujer el destino de todo. Ésa es la receta perfecta para el fracaso y el aniquilamiento de la esperanza que merecen las generaciones que vendrán.

Tenemos que ganar las elecciones en 2018 sin partidos políticos, sin clientes y con mínimos recursos financieros. Ése es el símbolo profundo y elocuente de la liberación; de la segunda gran independencia de México. Ése es el primer acto de esta historia que traerá un país abierto para todos, construido a partir de la mentalidad abierta de cada quien. Ahí, en esa ruta, el cielo que nos cobijará será tan alto como las aspiraciones de quienes nos reflejemos en él.

Conclusión

Este libro plantea un nuevo modelo de articulación ciudadana que garantice una sociedad fuerte y participativa. A partir de la disrupción política que pueden generar las candidaturas independientes en 2018, se busca articular una sociedad que construya un México abierto, donde la justicia impere para todos por igual y sea entendida como un concepto amplio; en el que además del respeto a las normas, exista la garantía de una convivencia incluyente y armónica para todos.

Este modelo permitirá trazar los objetivos de un plan de gran visión para nuestro país. México requiere fijarse metas claras en plazos específicos, razón por la que proponemos marcar la ruta que nos permita, en los próximos 10 años, ubicarnos dentro de los 15 primeros lugares en el *Índice Global de Impunidad* (hoy nos ubicamos en la posición 66 de 69 países) y, en concecuencia, duplicar el ingreso per cápita de los mexicanos, es decir, pasar de 17 894 dólares anuales, nivel en el que actualmente nos encontramos, a más de 35 mil.[39]

---

[39] El ingreso promedio hoy en la Organización para la Cooperación y el Desarrollo Económicos (OCDE) es de 41 068 dólares.

Para lograrlo, nos hemos fijado el siguiente decálogo:

1. *Es justo que todos los mexicanos se alimenten bien.* Vamos a acabar con la pobreza extrema en México, la cual hoy afecta a 7.6% de la población, equivalente a 9.4 millones de personas, que no tienen una suficiente ingesta calórica diaria.
2. *Es justo que nuestros estudiantes tengan la mejor enseñanza del mundo.* Vamos a incrementar por arriba de los 500 puntos el promedio de los alumnos mexicanos en la prueba del Programa Internacional para la Evaluación de Estudiantes (PISA, por sus siglas en inglés); en 2015 los promediaron con 416 puntos. Además, garantizaremos el acceso universal a banda ancha.
3. *Es justo que México apoye decididamente a sus emprendedores.* Vamos a ubicarnos en el primer lugar de Latinoamérica en el *Índice Global de Emprendimiento* (hoy ocupamos el lugar ocho a nivel regional).
4. *Es justo cuidar el medio ambiente para las futuras generaciones.* Vamos a ubicarnos en el primer lugar de los países de Latinoamérica con la mejor gestión ambiental, de acuerdo con el *Índice de Desempeño Ambiental* (hoy nos encontramos en el lugar 13 de la región).
5. *Es justo que luchemos contra el cambio climático.* Vamos a duplicar en seis años la participación de las energías limpias en la generación eléctrica total (pasar de 20%, en 2016, a 40%, en 2024). En 2040, el 100% de nuestra energía eléctrica vendrá de fuentes renovables.
6. *Es justo que tengamos un desarrollo integral entre todas las regiones del país.* Vamos a convertirnos en la plataforma logística del continente americano por lo que

nos ubicaremos dentro de los primeros 25 lugares en el subíndice de Infraestructura dentro del *Índice Global de Competitividad* (actualmente ocupamos el lugar 67).
7. *Es justo que vivamos en ciudades seguras y prósperas.* Vamos a proyectar las 59 zonas metropolitanas del país con infraestructura sustentable, movilidad eficiente y convivencia incluyente.
8. *Es justo que cuidemos y promovamos nuestro patrimonio.* Vamos a ubicarnos entre los tres principales destinos turísticos del mundo (en 2016 ocupamos el lugar ocho).
9. *Es justo que hombres y mujeres convivamos equitativamente.* Vamos a incorporar plenamente a las mujeres al desarrollo productivo, de tal forma que nos ubiquemos dentro de los cinco primeros lugares en Latinoamérica en el *Índice de Desarrollo de Género* (actualmente estamos en el lugar 18 de la región).
10. *Es justo que proyectemos un futuro brillante a partir de lo que fuimos y lo que somos.* Vamos a posicionar a México como una potencia cultural en el concierto de las naciones. Duplicaremos la producción cinematográfica y artística del país.

Fuentes de consulta

Acemoglu, Daron y James Robinson, *Por qué fracasan los países*, Barcelona, Deusto, 2012.

Bianchi, Matías (comp.), *Recuperar la política. Agendas de innovación política en América Latina*, Buenos Aires, Asuntos del Sur/Democracia en Red, 2017.

Carpizo, Jorge, *El presidencialismo mexicano*, México, Siglo XXI, 1978.

Centro de investigación y docencia económica (CIDE), *Justicia cotidiana: Síntesis del informe y recomendaciones en materia de justicia cotidiana* [en línea], 2015, disponible en: <https://www.gob.mx/cms/uploads/attachment/file/90289/Informe_Justicia_Cotidiana_-_CIDE.pdf>.

Consejo Nacional de Evaluación de la Política de Desarrollo Social (Coneval), *Anexo estadístico de pobreza en México* [en línea], México, 2016, disponible en: <http://www.coneval.org.mx/Medicion/MP/Paginas/AE_pobreza_2016.aspx>.

Consulta Mitofsky, *México: confianza en instituciones, 2016* [en línea], disponible en: <http://www.consulta.mx/index.php/estudios-e-investigaciones/mexico-

opina/item/884-mexico-confianza-en-instituciones-2016>.

De la Torre, Rodolfo, "Del desarrollo humano a la movilidad social intergeneracional: progreso individual para el bienestar colectivo", en Arturo Cerón y Cuauhtémoc Calderón (coords.), *Desigualdad económica, pobreza y movilidad social*, México, Asamblea Legislativa CDMX, 2017.

_____, "Desigualdad y movilidad social de mujeres y hombres: progreso individual para la igualdad de género", en *Vida en movimiento: problemas y políticas públicas*, Gerardo Esquivel (coord.), México, Instituto Belisario Domínguez, 2017.

Diamandis, Peter y Steven Kotler, *Abundance*, Nueva York, Free Press. 2012.

Esquivel, Hernández Gerardo, *Desigualdad extrema en México: concentración del poder económico y político* [en línea], México, OXFAM, 2015, disponible en: <http://www.cambialasreglas.org/pdf/desigualdadextrema_informe.pdf>.

Fuerza civil [en línea], disponible en: <www.fuerzacivil.org.mx>.

Organización para la Cooperación y el Desarrollo Económicos (OCDE), *Income Distribution and Poverty* [en línea], disponible en: <http://stats.oecd.org/Index.aspxDatasetCode=IDD>.

Instituto Nacional de Estadística y Geografía (Inegi), "Resultados de la tercera encuesta nacional de calidad e impacto gubernamental (Encig) 2015" [en línea], disponible en: <http://www.inegi.org.mx/saladeprensa/boletines/2016/especiales/especiales2016_05_01.pdf>.

Krauze, Enrique, *La presidencia imperial*, México, Tusquets, 1997.

Le Clercq Ortega, Juan Antonio y Gerardo Rodríguez Sánchez Lara (coords.), *Índice Global de Impunidad*, IGI-MEX 2016 [en línea], Universidad de las Américas Puebla (UDLAP), disponible en: <http://www.udlap.mx/igimex/assets/files/igimex2016_ESP.pdf>.

_____, *Dimenciones de la Impunidad Global.Índice Global de Impunidad, 2017* (IGI 2017) [en línea], Universidad de las Américas Puebla (UDLAP), disponible en: <http://www.udlap.mx/cesij/files/IGI-2017.pdf>.

Magaloni, Ana Laura, "A, B, C de la reforma" [en línea], en *Reforma*, 5 de enero de 2008, disponible en: <https://reforma.vlex.com.mx/vid/ana-laura-magaloni-b-c-reforma-202061503>.

_____, "Legitimidad y orden" [en línea], en *Reforma*, 3 de octubre de 2015, disponible en: <http://www.reforma.com/aplicaciones/editoriales/editorial.aspx?id=72788>.

_____ et al., *Iniciativa por la que se modifican los artículos 19, 40, 41, 42, 46 y 50 del proyecto de Constitución Política de la Ciudad de México*, México, Asamblea Constituyente, 2016, disponible en: <http://gaceta.diputados.gob.mx/ACCM/GP/20161103-VII.pdf> y <http://gaceta.diputados.gob.mx/ACCM/GP/20161103-VIII.pdf>.

Maplecroft, Verisk, *Criminality Index 2016* [en línea], disponible en: <https://maplecroft.com/portfolio/new-analysis/2016/12/01/risk-violent-crime-highest-latin-america-afghanistan-guatemala-mexico-top-country-ranking-verisk-maplecroft/>.

Questia [en línea], disponible en: <www.questia.mx>.

Transparencia Mexicana, "Reformas legislativas no logran frenar caída en el Índice de Percepción de la Corrupción: Transparencia Mexicana" [en línea], 2017, disponible en: <http://www.tm.org.mx/ipc2016/>.

Zaldívar, Arturo, "Prisión preventiva: condena sin sentencia" [en línea], en *Milenio*, 11 de julio 2017, disponible en: <http://www.milenio.com/firmas/arturo_zaldivar/prision-preventiva-condena-sentencia-milenio_18_991280871.html>.

Lecturas complementarias

Barquera, S. *et al.*, "Mexico attempts to tackle obesity: the process, results, push backs and future challenges", en *Obesity Reviews*, vol. 14, noviembre de 2013, pp. 69-78.

Ericsson *et al.*, *Socioeconomic Effects of Broadband Speed: a microeconomic investigation* [en línea], septiembre de 2013, disponible en: <https://www.ericsson.com/res/thecompany/docs/corporate-responsibility/2013/ericsson-broadband-final-071013.pdf>.

Epi Yale, *Environmental Performance Index* [en línea], disponible en: <http://epi.yale.edu>.

Instituto Mexicano para la Competitividad (IMCO), *Kilos de más, pesos de menos: los costos de la obesidad en México* [en línea], 2015, disponible en: < http://imco.org.mx/banner_es/kilos-de-mas-pesos-de-menos-obesidad-en-mexico/>.

Organización para la Cooperación y el Desarrollo Económicos (OCDE), *Programa para la evaluación internacional de alumnos (PISA), 2015 – Resultados* [en línea], 2015, disponible en: <https://www.oecd.org/pisa/PISA-2015-Mexico-ESP.pdf>.

Organización Mundial de la Salud (OMS), *Datos y estadísticas de la OMS* [en línea], disponible en: <http://www.who.int/gho/es/>.

Schwab, Klaus, "The Fourth Industrial Revolution" [en línea], 2016, disponible en: <https://www.weforum.org/about/the-fourth-industrial-revolution-by-klaus-schwab>.

Sobre el autor

Armando Ríos Piter es licenciado en derecho por la Universidad Nacional Autónoma de México (UNAM) y en economía por el Instituto Tecnológico Autónomo de México (ITAM); maestro en seguridad nacional por la Universidad de Georgetown y cuenta con estudios en administración pública por la Universidad de Harvard.

Ha sido asesor en el Instituto del Fondo Nacional de la Vivienda para los Trabajadores (Infonavit) y en la Secretaría de Hacienda y Crédito Público (SHCP). Fue subsecretario federal de Política Sectorial de la Secretaría de la Reforma Agraria y secretario de Desarrollo Rural en el gobierno del estado de Guerrero.

Antes de postularse como senador independiente militaba en el Partido de la Revolución Democrática (PRD), donde se desempeñó como diputado federal durante muchos años. En el año 2011 fue coordinador del grupo parlamentario de este partido y, posteriormente, presidente de la Junta de Coordinación Política en la Cámara de Diputados.

Hoy en día, es senador independiente, presidente de la Comisión de Población y Desarrollo del Senado de la República e integrante de las comisiones de Gobernación Hacienda y Crédito Público Especial para el Análisis y Seguimiento de las Finanzas Públicas, entre otras.

En mayo de 2017 manifestó su interés por contender como candidato independiente por la Presidencia de la República. Desde entonces, encabeza el movimiento La Ola Independiente, que busca postular candidatos independientes al Congreso de la Unión y a los gobiernos locales en las elecciones del 2018.

LA OLA
INDEPENDIENTE
Participación ciudadana
para salir de la impunidad